BLOCKCHAIN

블록체인의 세계

그 마법의 원리를 말하다

김성규 · 허준호 지음

KYOWOO

머리말

블록체인(Blockchain)은 마법의 열쇠인가?

2018년과 2019년은 블록체인과 이를 기반으로 하는 암호화폐의 호황기이자 블록체인의 침체기이기도 하였다. 많은 보안 전문가와 경제학자들이 앞다투어 블록체인에 관한 이야기를 나누었고, 블록체인이 무슨 마법의 열쇠인 듯 언론에서 앞다투어 보도하였다. 그런데, 이러한 암호화폐가 호황기를 마치고 불황기에 들어서니 '블록체인은 허황한 꿈이다' 등의 기사들이 또 쏟아져 나왔다.

결국, 블록체인이 암호화폐에 좌지우지되고, 이러한 현상은 비단 국내에서 뿐만이 아니고 해외에서도 똑같이 반복되고 있다. 어떠한 기술이던 요술램프처럼 갑자기 나타난 것은 없고, 블록체인도 이와 같다.

기존의 보안이 숨기고 숨기는 패러다임이었다면 블록체인은 모두에게 공개하는 웹(Web)의 패러다임인 참여 공유의 철학과 같다고 할 수 있다. 또한, 지금까지의 블록체인은 마치 예전의 구름 속과 같이 정확한 개념과 이해를 모르기 때문에 현실에 직접 반영이 되지 않고 있다.

과거 인터넷(Internet)이 처음 이 세상에 나왔을 때, 사람들은 이것이 과연 실물경제와 연동할 수 있을까 하는 고민을 하였고 우리 또한 그렇게 생각을 하였다. 하지만 세계의 장벽이 없는 인터넷은 온라인 기반 쇼핑몰(Online-based Shopping Mall), 핀테크

(FinTech), 메신저(Messenger) 등의 실제 생활에 접목이 된 뒤부터는 우리 생활에 밀접하게 적용되면서 폭발적으로 쓰이게 되었다.

한편, 다른 시각에서 보면 블록체인은 보안의 영역에서 나온 개념이다. ICT(Information Communication Technology)가 발전하면서 보안기술은 점점 중요해지게 되었다. 현재까지는 블록체인이 암호화폐에 국한되어 사용되었고, 너무나 한정적으로 사용되어 생활에 밀접한 서비스를 이루기 힘들었다.

블록체인이란 개념이 나온 지 어언 10년이 넘는 기간이 지났지만, 과연 실세계에 사용 가능한 기술인지, 그리고 거기에 상응하는 경제개념을 인식하고 있는지가 매우 중요하다. 기술이 아무리 좋아도 사용처가 없으면 무용지물이고 사용처가 아무리 많아도 기술이 없으면 필요 없는 Trade-Off 관계인 것이다.

필자들은 실제 생활에 블록체인이 꼭 필요한 분야에 적용이 되었을 때 의미를 부여할 수 있다고 생각한다.

그리고 블록체인은 결국 어느 산업 분야 또는 적용이 가능한 곳에 사용되었느냐에 따라 마법의 열쇠가 될 수도 있고, 불편한 시스템으로 전락할 수도 있어서, 블록체인은 ICT가 발전할수록 필요한 보안의 영역이라는 것은 틀림이 없다.

한편, 앞으로의 블록체인의 미래는 말이 앞서지 않고 실제 실물에 연동이 가능한 기술개발 및 dAPP(decentralized APPlication) 개발이 중요하다. 누구나 편리하게 쓸 수 있는 블록체인 그리고 사용이 편하게 녹아 들어갈 수 있도록 연구하여 만들어지는 생태계가 아니고, 보이지 않는 손에 의해 움직이는 그러한 생태계를 만들어야만 한다. 이제 이러한 생태계를 이루고 참여 공유 개방을 이루어서 꼭 필요한 요소에 적용되는 서비스가 절실히 필요하다.

필자들은 교육 분야에 종사하고 있어서 학생들과 직장인들을 대상으로 많은 교육을 하였으며, 향후의 블록체인은 보안의 영역이기 때문에 사용하지 않아도 사용되는 것처럼 모르게 작동하는 매커니즘이 나와야 한다고 생각한다.

그리고 블록체인을 사용하여 금융, 부동산, 헬스케어, 스마트그리드, 에너지, 물류, 통관, 의료, 세무, 농수산물 이력 등 다양한 사업 분야에 적용하기 위한 노력이 필요하며, 블록체인은 사용하기에 따라 마법의 열쇠가 될 수 있기 때문이다.

한편, 구글에서도 이세돌 9단을 이긴 알파고를 논문으로 발표하였는데 익명의 사토시 나카모토도 비트코인과 블록체인을 논문으로 발표하였다.

다른 업계와는 다르게 컴퓨터 분야(IT 분야)에서는 기업 혹은 개인이 완성한 프로젝트의 결과물을 논문으로 발표하는 경우가 다수 있었기에 본 저서에서는 학부생에게는 기본 내용에 대한 이해 그리고 대학원생들에게는 논문을 작성하는 기초를 배양할 수 있도록 구성하였다.

저자 **김성규·허준호**

차례

PART. 02 (중급내용) 블록체인의 기본 구현

PART. 03 (중급내용) 국가별 블록체인과 저자들의 SCI급 논문 소개

서언

블록체인 기술이 비약적인 발전과 실생활에 쓰이려는 움직임이 많이 나타나면서, 최근 페이스북(Facebook), 월마트(Walmart), 스타벅스(Starbucks) 등 대형 글로벌 기업체들이 자사 비즈니스 모델에 블록체인 기술을 넣고 있다. 한편, 국내에서도 삼성, LG, SK 등 대기업 계열사들도 자사 솔루션에 블록체인을 도입하려는 의지를 강하게 드러내고 있다.

블록체인(Blockchain)은 네트워크 참여자가 공동으로 거래 정보를 검증하고, 해시(Hash) 기반으로 블록(Block)을 처리하여 기록, 보관함으로써 공인된 3자가 없더라도 무결성(Integrity) 및 신뢰성(Reliability)을 확보하여 분산원장이 가능하게 하는 기술이다.

또한, 블록체인은 해시 기반으로 블록을 처리하는 분산원장 기술[1]은 합의 메커니즘을 사용하는 좀 더 광범위한 의미이나, 국제 표준화 기구(ISO: International Organization for Standardization)에서 블록체인과 분산원장기술을 혼용해서 사용하고 있고, 분산원장기술(DLT: Distributed Ledger Technology)을 포함한 포괄적 의미로 '블록체인'이라는 이름이 사용되고 있다.

한편, 블록체인은 분산 장부 기술로서 네트워크 참여자들이 데이터를 저장하고 검증하는 형태로 설계된다. 기존의 금융 업무는 장부를 중앙집중형으로 관리하는 시스템으로 제3의 신뢰할 수 있는 기관을 설립하고 해당 기관에 대한 신뢰를 확보하는 방식이다.

그리고 블록체인은 관리 대상 데이터를 '블록(Block)'이라고 하는 소규모 데이터들이 P2P(Peer-to-Peer network) 방식을 기반으로 생성된 체인 형태의 연결 고리 기반 분산데이터 저장 환경에 저장되어 누구든 임의로 수정할 수 없고, 누구나 변경의 결과를 열람할 수 있는 분산 컴퓨팅(Distributed Computing) 기술 기반의 원장 관리 기술이다 [1].

그러나 블록체인은 거래 정보를 P2P 네트워크에 분산하여 참가자가 공동으로 기록하고 관리하는[2, 27] 방식을 가지고 있다.

따라서 3자를 거치치 않기 때문에 수수료 및 관리 비용을 절감할 수 있으며, 정보의 공동 소유로 데이터의 임의 조작이 어려운 장점이 있다 [3, 35]. 이러한 블록체인은 트랜잭션들이 모여 하나의 블록이 생성되었을 때, 이를 블록체인에 연결하는 체이닝 기술(Chaining Technology)이나 지분증명기술(PoW: Proof of Work Technology)과 같은 합의 알고리즘(Consensus Algorithm)으로 정보의 무결성을 보장하는 '합의 기술'이라 할 수 있다.

PART 01 – 기본내용

블록체인의 이해

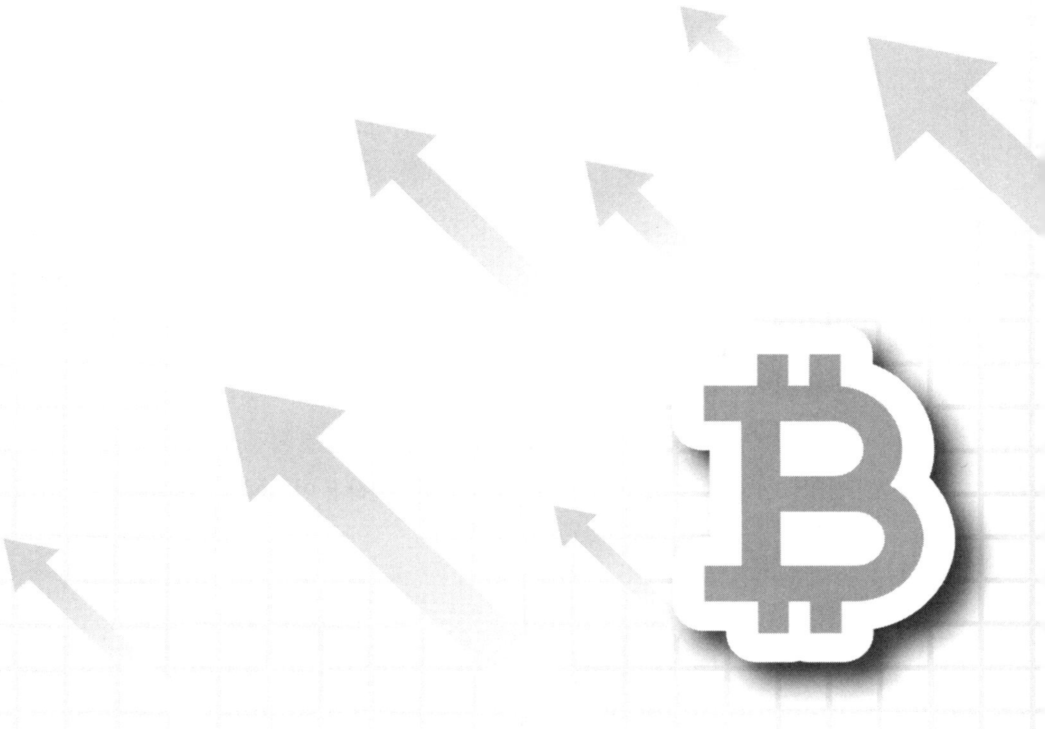

1. 블록체인 정의

블록체인(Blockchain)이란 네트워크의 블록(Block)에 거래에 대한 정보가 계속 쌓이고 쌓여 거래에 대한 정보가 들어가 있는 분산 장부를 말한다. 여기서 말하는 거래에 대한 정보에는 거래의 정보를 잘 보여주면서 거래에 대한 정확성과 검증 그리고 유효성이 잘 나타나야 한다.

그러나 이러한 블록에는 데이터를 담기 전에 데이터가 꼭 유효해야 한다는 전제 조건이 필요하며, 이렇게 유효하게 검증된 블록체인의 데이터가 블록체인의 네트워크에 담긴 모든 참여자에게 자동으로 전송이 된다. 이렇게 전송된 데이터의 블록들은 모든 참여자에게 전달되고, 유효성을 검증하여 네트워크의 모든 블록이 검증되도록 하고, 특히 51%의 이론인 '비잔틴 장군의 결함'에 대하여 필요한 정보를 블록에 전달하게 된다. 기존의 보안 시스템은 암호화 등을 통하여 꼭꼭 숨기는 정책을 만들었다면, 지금의 블록체인은 3자의 네트워크에서 거래를 검증하고 교환하는 철학을 가지고 있다. 한편, 세계적인 컨설팅 그룹인 가트너(Gartner)에서도 2020년 10대 기술로 분류하고 있다 [그림. 1].

인터넷이 등장하고 인터넷 시대에는 많은 생활이 인터넷에 종속되기 시작하였다. 그리고 스마트 폰(Smart Phone)이 나오고 모바일(Mobile)의 세상이 되고 부터는 전자 결제가 비밀번호, 얼굴, 혈관 하나로 이루어지면서 많은 부작용이 나타나기 시작

하였고, 서비스가 나아질수록 보안에 대한 이슈가 발생한다는 점을 알게 되었다.

[그림. 1] 가트너 10대 기술 - 2020년(출처 : 가트너 그룹)

한편, 그동안의 세계는 중앙기관을 무조건 신뢰하였다.

2008년 서브프라임 모기지론의 여파로 미국발 금융위기가 도래하였으며, 미국은 중앙기관의 문제로 파생상품(Derivatives)들이 발행되면서 많은 부채를 발생하며 경제 위기가 시작되었다.

그러던 차에, 2009년 익명의 사토시 나카모토(Satoshi Nakamoto)가 Bitcoin: A Peer-to-Peer Electronic Cash System 논문과 비트코인 그리고 소스 코드(Source Code)를 발표하였다.

이 논문은 큰 반향을 일으켰으며, 기존의 금융을 중앙 기관을 거치지 않고 개인 간의 거래를 할 수 있도록 P2P(Peer-to-Peer network) 시스템으로 만들어 낸 것이다. 비트코인은 경제학적 관점에서 보면 은행이 필요 없는 새로운 전자화폐를 제안한 것이다.

이러한 블록체인 기술은 그 후에 비트코인(Bitcoin)이라는 암호화폐에만 적용해서 사용하였으나, 최근에는 대부분 국가의 공공기관, 금융기관, 민간기관에서 다양한 검증을 하기 위한 프로젝트에 쓰고자 하고 있다.

또한, 이러한 프로젝트는 중앙기관에서 조금 더 신뢰성이 있는 네트워크를 구축하고, 이러한 네트워크를 구축하는 퍼블릭 블록체인(Public Blockchain)과 프라이빗 블록체인(Private Blockchain) 등으로 나누어 다른 진영으로 발전 시키고 있다. 모든 블록체인의 노드 또는 참여자는 이러한 블록체인에 연결되어 있어서 블록체인의 가치를 교환할 수 있게 설계되어 있다. [그림. 2]는 기존의 금융 시스템과 블록체인 비교한 그림이다.

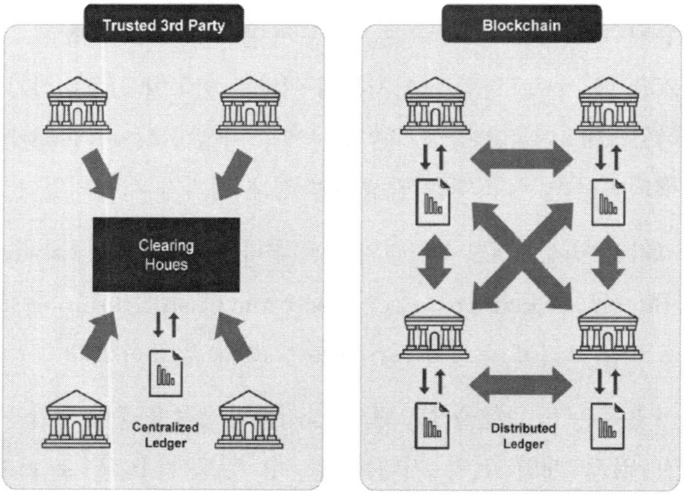

[그림. 2] 기존의 금융 시스템과 블록체인 비교

최근에는 블록체인을 실물경제에 담고자 합의 알고리즘(Consensus Algorithm)등에 적용하여 많은 종류의 블록체인 프로젝트들이 탄생하고 있다. 이렇게 블록체인은 네트워크 간의 중복방지 그리고 신뢰성 검증을 막아주는 특성을 가진다.

2. 블록체인 탄생배경

블록체인은 과거에도 비슷한 컨셉의 이론이 있었는데, 이것이 블록체인 이전의 토큰 관리 시스템(Token Management System)이며, 오늘날의 핀테크 시스템(Fin Tech System)과 같은 시스템이라 볼 수 있다. 기존의 핀테크 시스템은 너무나 빠른 기술적인 한계를 가지고 있었는데, 그 이유는 인터넷으로 결제하는 핀테크 시스템을 이용하려면 인프라스트럭쳐(Infrastructure)를 가지고 있어야 하는데 이러한 인터넷 및 모바일에 대한 인프라가 확실하게 갖추어져 있지 않았다.

이렇듯 핀테크의 시스템을 완벽하게 이루려면 이러한 무명의 신분을 검증하는 시스템이 필요하며, 이러한 것이 블록체인이 탄생하는 배경이 되었다.

한편, 1989년에 데이비드 차움(David Chaum)이 설립한 금융회사에서인 디지캐쉬(DigiCash)라는 회사가 세계 최초의 상업적 암호화폐를 만들었다고 볼 수 있다.

여기에는 암호화된 통신, 이중 지출에 대한 문제점 등을 담고 있는 블록체인 개념과 흡사한 기술적인 아키텍처(Architecture)를 선보였다. 그렇지만 그 당시의 시대 상황으로는 인터넷으로 결제를 하는 것에 대한 신뢰성 그리고 이러한 핀테크(FinTech)를 사용하여 결제할 수 있다고 하는 사회적인 통념이 없었기 때문에 시대적인 오류로 남고 역사의 뒤안길로 사라지게 되었다.

한편, 대한민국에서는 블록체인 표준화를 위해 활동하는

여러 워킹그룹들과 분야가 있다 [그림. 3].

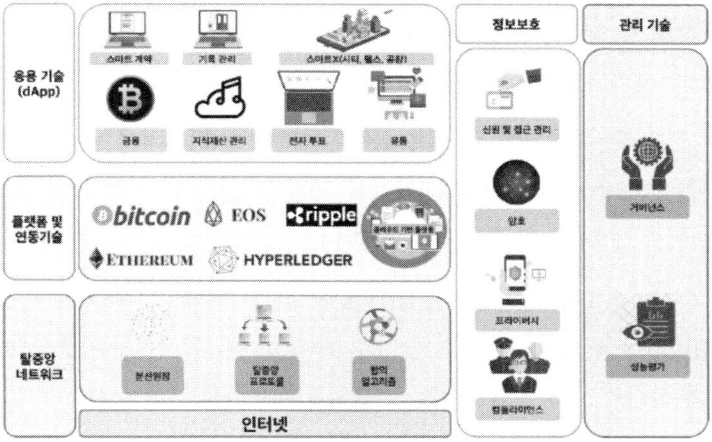

[그림. 3] 블록체인 표준화 분야

(출처 : 과학기술정보통신부 [ICT 표준화 전략맵 2020])

그러나 2008년에는 전 세계에 금융위기가 찾아오고 많은 금융상품, 금융시스템이 연쇄적으로 부도가 나는 그러한 시대적인 아픔이 있었다. 중앙기관의 시스템을 인정하였으나 그러한 시스템 자체에 대한 오류가 있다고 생각한 '사토시 나카모토(Satoshi Nakamoto)' 라는 익명의 학자로부터 지금의 블록체인에 대한 컨셉이 처음 나오게 되었고, 이러한 철학을 이어받아 많은 블록체인 아키텍처에 대한 컨셉들이 나타나게 되었다.

즉 2008년 미국 리먼 브라더스(Lehman Brothers) 사태에서 알 수 있듯이 중앙기관들이 세계 경제에 피해를 주기 시작하면서 몇몇 사람이 폐쇄적으로 인증을 하는 방식에서 벗어난 탈중앙화 방식의 블록체인의 컨셉이 나타나게 되었으며, 블록체인 컨셉이 세상에 나온 지도 벌써 10년이 넘어가고 있다.

블록체인이 암호화폐에 많이 쓰이게 되어 이를 지켜보는 정부의 입장에서는 부정적인 측면이 많은 건 사실인데, 이것은 이 기술을 악용해서 사회적 문제가 발생하였기 때문이다. 닷컴 버블(Dot-com Bubble)이 일어났을 때와 마찬가지로 많은 부정적인 이슈가 다수 발생하기도 하였다.

한편, [그림. 4]는 연습문제에서 다룰 '사토시 나카모토'의 Bitcoin: A Peer-to-Peer Electronic Cash System 논문의 일부이다.

Bitcoin: A Peer-to-Peer Electronic Cash System

Satoshi Nakamoto
satoshin@gmx.com
www.bitcoin.org

Abstract. A purely peer-to-peer version of electronic cash would allow online payments to be sent directly from one party to another without going through a financial institution. Digital signatures provide part of the solution, but the main benefits are lost if a trusted third party is still required to prevent double-spending. We propose a solution to the double-spending problem using a peer-to-peer network. The network timestamps transactions by hashing them into an ongoing chain of hash-based proof-of-work, forming a record that cannot be changed without redoing the proof-of-work. The longest chain not only serves as proof of the sequence of events witnessed, but proof that it came from the largest pool of CPU power. As long as a majority of CPU power is controlled by nodes that are not cooperating to attack the network, they'll generate the longest chain and outpace attackers. The network itself requires minimal structure. Messages are broadcast on a best effort basis, and nodes can leave and rejoin the network at will, accepting the longest proof-of-work chain as proof of what happened while they were gone.

[그림. 4] 사토시 나카모토의 비트코인 논문(출처 : 사토시 나카모토 논문)

연습문제

1. 본 논문의 요약을 읽고 설명해 보시오.

Bitcoin: A Peer-to-Peer Electronic Cash System

Satoshi Nakamoto
satoshin@gmx.com
www.bitcoin.org

Abstract. A purely peer-to-peer version of electronic cash would allow online payments to be sent directly from one party to another without going through a financial institution. Digital signatures provide part of the solution, but the main benefits are lost if a trusted third party is still required to prevent double-spending. We propose a solution to the double-spending problem using a peer-to-peer network. The network timestamps transactions by hashing them into an ongoing chain of hash-based proof-of-work, forming a record that cannot be changed without redoing the proof-of-work. The longest chain not only serves as proof of the sequence of events witnessed, but proof that it came from the largest pool of CPU power. As long as a majority of CPU power is controlled by nodes that are not cooperating to attack the network, they'll generate the longest chain and outpace attackers. The network itself requires minimal structure. Messages are broadcast on a best effort basis, and nodes can leave and rejoin the network at will, accepting the longest proof-of-work chain as proof of what happened while they were gone.

사토시 나카모토의 비트코인 논문(출처 : 사토시 나카모토 논문)

2. 본 논문의 다음 조감도를 읽고 설명해 보시오.

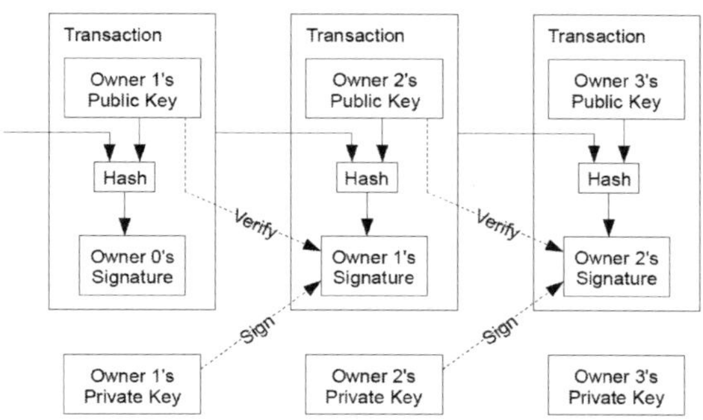

(https://bitcoin.org/bitcoin.pdf)

3. 본 참고문헌을 찾아 각각을 요약 하시오.

References

[1] W. Dai, "b-money," http://www.weidai.com/bmoney.txt, 1998.

[2] H. Massias, X.S. Avila, and J.-J. Quisquater, "Design of a secure timestamping service with minimal trust requirements," In *20th Symposium on Information Theory in the Benelux*, May 1999.

[3] S. Haber, W.S. Stornetta, "How to time-stamp a digital document," In *Journal of Cryptology*, vol 3, no 2, pages 99-111, 1991.

[4] D. Bayer, S. Haber, W.S. Stornetta, "Improving the efficiency and reliability of digital time-stamping," In *Sequences II: Methods in Communication, Security and Computer Science*, pages 329-334, 1993.

[5] S. Haber, W.S. Stornetta, "Secure names for bit-strings," In *Proceedings of the 4th ACM Conference on Computer and Communications Security*, pages 28-35, April 1997.

[6] A. Back, "Hashcash - a denial of service counter-measure," http://www.hashcash.org/papers/hashcash.pdf, 2002.

[7] R.C. Merkle, "Protocols for public key cryptosystems," In *Proc. 1980 Symposium on Security and Privacy*, IEEE Computer Society, pages 122-133, April 1980.

[8] W. Feller, "An introduction to probability theory and its applications," 1957.

4. 합의 알고리즘(Consensus Algorithm)이란 무엇인가?

5. 51%의 이론이란 무엇인가?

6. P2P(Peer-to-Peer network)란 무엇인가?

7. 디지캐쉬(DigiCash)사에 대하여 조사 해보자.

3. 블록체인과 구조

앞서 언급한 바와 같이 블록체인은 '나카모토 사토시'의 논문에 의해 최초로 2008년도에 세상에 선보이게 되었다.

하지만 블록체인의 컨셉은 초반에는 누구도 알아보지 못하고 그냥 흥미 거리로 취급했다고 볼 수 있다. 그 이유는 당시에만 해도 '비트코인(Bitcoin, BTC)'을 가지고 할 수 있는 것은 동네에 있는 Pizza 가게에서 피자를 사는 정도로 생각하였다.

이렇게 수년의 시간이 흐르면서 블록체인은 많은 진화를 거듭하게 되었고, 그 종류로는 '비트코인'과 같은 '퍼블릭 블록체인(Public Blockchain)'과 IBM 그룹에서 나오는 하이퍼레저 패브릭(Hyperledger Fabric) 프로젝트로 나누어 볼 수 있다.

퍼블릭 블록체인(Public Blockchain)은 P2P(Peer-to-Peer network) 시스템을 통하여 중앙의 통제장치 없이 개인 간의 거래를 이루는 것이다. 그러한 개인 간의 거래시스템은 많은 생태계의 변화를 요구하고 있으며, 이것은 많은 산업군에서 볼 수 있는 다양한 변화라고 할 수 있다.

그리고 그다음에 나타난 것이 '프라이빗 블록체인(Private Blockchain)'이다. 이 개념은 다양한 산업군인 금융, 물류, 제조 시장에 일정한 중앙의 합의자가 있다는 것을 인정하고 나타나는 블록체인의 형태이며, 최근에는 전 세계에서 다양한 블록체인 프로젝트들이 나오고 있다.

주로 처음에 나오는 개념은 블록체인은 '다이아몬드(Diamond)'의

진위 여부를 알 수 있게 만들어주는 형태라고 생각되며, 모든 원장에 사용자들이 참여하여 다이아몬드의 인증서를 대신 검증해주는 것이다. 이러한 블록체인의 종류에는 중앙의 관리자를 임의로 참여하는지 아니면 '합의 알고리즘(Consensus Algorithm)'에 의하여 정의 하는지에 따라서 블록체인의 종류를 나누어 볼 수 있다.

블록체인은 기존의 보안 시스템의 취약점인 '담합 공격에 대한 것을 막을 수 있는 컨셉으로 2008년도에 논문이 발표되었다고 볼 수 있다.

블록체인은 기존에 없던 기술이 갑자기 나와서 적용된 것은 아니고, 기존의 이론을 중심으로 새로운 아이디어를 적용하고 이를 구현하여 나타난 것이다.

한편, 하이퍼레저 패브릭 프로젝트는 2015년 12월에 리눅스 파운데이션(Linux Foundation)에서 시작한 오픈소스 블록체인 및 관련 도구의 포괄적인 프로젝트이며, 블록체인 기반 분산 원장의 공동 개발을 지원하기 위해 미국 IBM사, 미국 인텔사(Intel) 및 SAP Ariba사의 기술 지원을 받았으며, Golang(Javascript)을 사용하여 '체인 코드(Chain-code)'라고 부르는 스마트 컨트랙트(Smart Contracts)를 작성하며, 도커 컨테이너(Docker Container) 상에서 학습된다.

즉 패브릭은 블록체인을 활용한 다양한 업무 시스템을 구축하고, 운용하기 위한 소프트웨어 기반 프로그램이라 볼 수 있고, 패브릭은 인증, 분산원장, 유저 ID 발행, 기밀성, 멤버십

서비스 등과 같은 플러그앤 플레이(Plug-and-play) 기능과 같이 다양한 기능들을 제공한다.

한편, 기존의 보안은 본인이 가지고 있는 키(Key)값을 최대한 숨기고 꼭 아는 사람과 키(Key)값을 주고받으면서 보안이 이루어지는 구조였다. 하지만 블록체인은 기존의 보안 시스템에서 역발상을 하여 보안이지만 모두 오픈하고 투명하도록 모든 사람의 정보 및 노드(Node)를 서로에게 알리고 'A' 노드와 'B' 노드가 필요로 하는 것을 사용하도록 하는데, 이러한 블록체인은 여러 특징을 가지고 있으며, 그중에서 분산형 구조, 확장성 구조, 보안성 구조를 들 수 있다.

3.1. 분산형 구조

분산형 구조는 중앙 서버 없이 분산된 환경에서 각각의 노드 간의 Peer-to-Peer들이 서로의 협력을 통하여 데이터를 전송하고 유지와 관리를 하는 탈중앙화된 구조를 말한다. 이러한 탈중앙화 구조는 여러 의미에서 장점이 있을 수 있다.

한편, P2P(Peer-to-Peer network) 방식의 [그림. 5]와 같이 거래 및 거래의 순서를 여러 Peer가 똑같이 볼 수 있도록 한다.

그리고 거래의 내용 및 순서에 대해 합의(Consensus)를 이루도록 한다[4, 37]. 처음에 이러한 개념이 나온 계기는 중앙은행의 독점성을 극복하기 위해서 개인과 개인 간의 거래를 할 수 있도록 하는 철학을 가지고 있다. 그리고 이러한 정보는 모든 거래의 정보를 모두에게 공개하고 이러한 정보를 인지하여 볼 수 있게 하고, 기존의 보안 방식인 폐쇄형의 구조에서 이제는 개방형의 구조를 가지게 한다.

따라서 분산형 구조는 누구나 거래 정보를 생성하고 거래 정보를 모두에게 이동시키고 동기화시켜 전체노드에 전송함으로써 기록의 유실을 원천 봉쇄하는 구조를 가지게 된다.

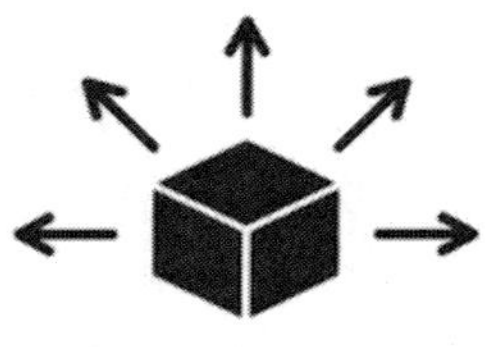

[그림. 5] 블록체인의 분산형 구조

3.2. 확장형 구조

블록체인의 확장형 구조는 다양한 블록체인 노드들이 향후 생성이 될 때마다 네트워크(Network)로 구성 할 수 있다. 따라서 이러한 블록체인은 향후 성능, 속도 등에서 확장형이 필요하다 [그림. 6]. 그렇지만 다양한 블록체인의 형태를 가지는 블록체인은 프라이빗 블록체인(Private Blockchain), 퍼블릭 블록체인(Public Blockchain)등의 다양한 형태를 인정해야 하고 다양한 합의 알고리즘에 의하여 빨라지는 합의를 개선해 볼 수 있다.

최초의 블록체인 프로젝트인 '비트코인'은 확장성에 한계를 나타내고 있고, 이는 10분에 1번 합의 과정을 거치면서 기존의 '마스터카드(Mastercard)' 및 '비자카드(VISA card)'에서 트렌젝션을 뛰어넘을 수 없었으며, VISA 카드는 1초에 24,000번의 합의를 한다고 한다. 이는 곧 현실 세계에서는 사용이 불가한 블록체인 프로젝트로 낙인이 찍힌 것과 같다.

그 이후에 나온 블록체인 프로젝트 중 이더리움(Ethereum)은 플라즈마(Plasma) 및 샤딩(Sharding) 등의 분산 데이터베이스(Distributed DataBase) 기술로 확장성을 높여 나갔다. 이것은 블록체인이 단순한 암호화폐의 단계를 뛰어넘어 현실 세계에 적용 되었다는 것을 의미하고 이것은 현실 세계로의 확장형이 이루어졌다는 것을 의미한다.

[그림. 6] 블록체인의 확산형 구조

3.3. 보안형 구조

블록체인의 보안형 구조는 암호화 알고리즘(Encryption Algorithm)의 하나로 이루어져 있다. 암호화 알고리즘에는 3가지 종류의 암호화 알고리즘이 존재하는데, 그중에 블록체인은 해시 함수(Hash Function)를 사용한다. 해시 함수는 여러 가지의 인풋(Input)을 통하여도 아웃풋(Output)은 한가지의 아웃풋으로 나오는 개념을 말하며, 일 방향 함수(One-Way Function)라고도 하고, 이러한 값은 예측 불가능한데, 그 이유는 어떠한 인풋이 들어

가도 항상 아웃풋은 다르게 나타나기 때문이며, 여기에는 많은 해시(Hash) 함수가 존재하고, 가장 많이 쓰이는 함수들은 SHA-1, SHA-16, SHA-256, SHA-512, MD4, MD5 등의 함수들을 예로 들어 설명할 수 있다.

이러한 보안 알고리즘들은 분산 중복 저장 기술을 가지고 있다. 이 의미는 노드 간 동기화를 이루어 위 · 변조가 되지 못하게 막아주고 있다. 그리고 동등한 계층 간의 통신 방식인 P2P 방식을 선택하여 연결되는 노드 간에 대등한 입장에서 데이터를 공유하는 방식을 선택하고 있으며, 이러한 보안기술은 타임스템프(Time-Stamp) 기능을 이용하여 시간적인 순서를 가지고 처리하는 기능을 보여 중간에 가로치기공격을 방어하는 기술을 가지고 있다[그림. 7].

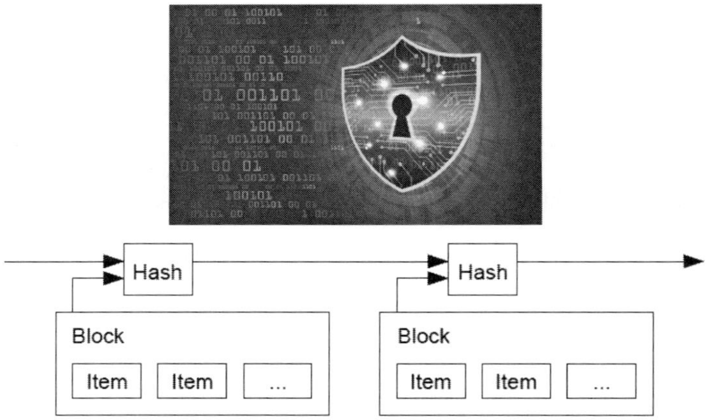

[그림. 7] 블록체인의 보안형 구조(Time-Stamp 서버 기능)

연습문제

1. 블록체인의 분산형 구조에 대하여 설명하시오.

2. 블록체인의 확산형 구조에 대하여 설명하시오.

3. 블록체인의 보안형 구조에 대하여 설명하시오.

4. 블록체인의 구조를 도식화 하시오.

5. Peer-to-Peer 방식에 대하여 논하시오.

토론

필자들은 블록체인 연구 · 개발(R&D) 사업을 진행하면서 많은 사업과 그리고 시장의 사람들과 접촉하며 이야기를 해왔다. 대다수는 진정성을 가지고 사업을 하려 하지만 일부 악질적인 한탕주의를 꿈꾸는 사람들에 의해 블록체인과 암호화폐 시장이 부정적으로 받아들여지고 있어서 도박과 같은 투기 형태로 보이는 건 사실이다. 혹자들은 블록체인이 세상을 변화시켰다고 설명하고 있지만, 필자들은 이 말에 동의할 수가 없는데, 그 이유는 일부 기술 하나가 세상을 바꾸지는 못하기 때문이다. 블록체인 업계가 킬러 애플리케이션을 내놓게 된다면 일부 산업군을 바꿀 수 있을 것으로 보인다. 국가문서 체계 블록체인, 유기농산물 이력추적 블록체인, 디지털 자산관리 블록체인, 전자 교과서 및 e-테스트 블록체인 등이 이런 분야이다.

블록체인은 이미 다이아몬드 · 명품 등을 위 · 변조 없이 인증해주는 용도나 유통단계에서 미들맨(Middle Man)을 최소화하여 생산자와 소비자 간의 믿을 수 있는 거래를 하기 위한 인증 방법 등에 좋은 선례로 사용되고 있다. 블록체인이 세상을 바꾼다는 환상을 버리고 주요 인증 프로세스에 쓰인다면 블록체인은 분명 좋은 기술과 패러다임으로 자리매김할 수 있을 것이다. 한편, 필자들은 블록체인이 세상을 바꾼다기보다 결국 사람이 세상을 바꾼다는 철학 아래 정부 프로젝트에 많이 참여하고 있고, 블록체인이 세상을 바꾸는 열쇠(Key)라기보다는 이 좋은 열쇠를 시기적절하게 사용했을 때 좋은 콘셉트 및 프로젝트가 나온다고 할 것이다. 현재 블록체인은 다양한 프로젝트들이 많은 산업 분야에 적용되어 나타나고 있으며, 암호화폐도 상승과 하락을 반복하고 있다. 블록체인과 암호화폐가 정비례로 성장할 때 비로소 실제 블록체인 생태계가 나타날 것으로 생각한다.

4. 블록체인의 원리

블록체인이 최초로 나오게 된 배경은 이미 앞 장에서 설명하였고, 2008년 세계 금융위기 때부터 중앙화의 좋은 점 만에 의지하지 않고, 개인 간의 P2P 서비스에 대한 개념이 나오게 된 계기가 되면서 이슈로 된 논문으로 분산 컴퓨팅(Distributed Computing)에 대한 원리가 나오게 되었다.

블록체인을 가장 간단하게 설명해 보면, 중앙의 은행 없이 개인 간의 거래가 가능한 은행이 만들어진다는 점이다.

그러면 기존의 은행에서는 어떠한 일을 하는지 알아볼 필요가 있는데, 기존의 은행은 고객이나 중앙은행(대한민국의 경우 한국은행)으로 부터 돈을 대출받아, 그 돈을 가지고 필요한 개인 또는 기업체에 대출 서비스를 하여 이익을 추구하는 사업 방식을 취하고 있다.

이처럼 기존의 은행은 고객의 돈을 보관하고, 새로운 계좌 정보가 기록될 때마다 인출, 입금, 계좌이체가 될 부분의 검증 작업을 취하게 된다. 이렇게 하지 않으면 굉장히 어려운 일에 직면하여 자유로운 거래를 하지 못하는 불상사가 일어날 수 있기 때문이다. 여기서 말하는 고객의 돈을 보관하고 그 돈의 흐름에 맞추어 검증하는 것이 은행의 핵심 작업인 것이다.

따라서 블록체인은 이러한 중앙의 관리시스템이 하지 못하는 것들을 대신하여 신뢰를 주면 되는 시스템이지만, 중앙 집중적인 관리 시스템에서 탈피하지 못하고 현재에 이르렀다. 하지만 2008년 글로벌 금융위기 이후에 탈중앙화에 대한 해법을 제시한 것도 블록체인이기도 하다.

한편, [그림. 8]은 Tintom에서 발표한 블록체인의 원리를 보여준다.

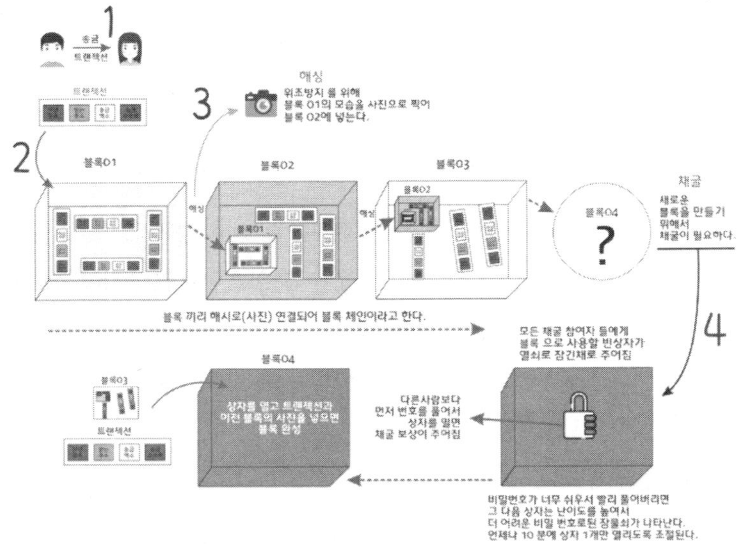

[그림. 8] 블록체인의 원리(출처 : Tintom)

4.1. 원장의 보관 및 투명성

블록체인은 쉽게 말하여 참여하는 모든 노드(PC, 서버 등)에서 원장의 사본 데이터를 각자의 노드에 저장한다. 그 이유는 혹시라도 어느 한 노드가 여러 가지 장애를 일으키거나 데이터베이스가 손상 되었을 때를 대비하기 위해서이다. 기존의 시스템도

물론 이중화에 대한 개념은 있었다. 하지만 여기에는 맹점이 존재하는데, 그 이유는 2개의 서버가 동시에 다운될 확률은 낮지만 그런 경우도 생길 수 있다는 점이다.

이렇게 되면 모든 데이터가 손실을 보게 되는데, 그렇다고 해서 3 중화, 4 중화를 하기에는 비용적인 측면에서 고려할 요소가 너무나 많고 가용성이 떨어지는 것이 사실이다. 이렇듯 블록체인에서는 각자의 노드가 원장 정보를 가지고 있으므로, 중간의 노드에 장애가 발생하였을 때라도 금융거래 내용이나 전체 원장 데이터를 모두 확인할 수 있다. 그리고 새로운 신규 거래가 일어나면 그와 동시에 동기화가 이루어져 업데이트가 자동으로 되기 때문에, 결국 노드는 항상 같은 원장 정보를 공유하기 마련이다.

혹자는 그러면 해커들에게 해킹을 당하였을 때는 어떻게 할 것인지 질문해 올 것이다. 그러나 이러한 원장 정보는 암호화 알고리즘에 의해서 암호화가 되어있다. 조금 더 정확하게 말하자면 해시 알고리즘에 의해서 암호화가 되어있다고 할 수 있다. 해시는 일 방향 암호화를 사용하기 때문에 중간에 해시 값이 한 글자라도 틀리게 되면 그 틀린 값을 실시간으로 노드는 인지할 수 있어서, 모든 사람은 실시간으로 업데이트된 원장 데이터로 확인이 가능한 것이다. 블록체인은 다른 말로는 '블록(노드 정보)'과 '체인(연결되어 진다)' 이므로 원장 데이터가 연결된다는 해석이 가능할 수 있고, 블록체인은 공개가 원칙이므로 매우 투명성이 강조되어 있다고 말할 수 있다.

4.2. 원장 내용 검증

블록체인을 사용하여 거래를 이루기 위해서는 원장의 내용과 전체 거래 내용을 검증하는 메커니즘이 마련되어야 할 것이다. 이것은 기존의 중앙 집중적인 금융시스템에서는 지금도 할 수 있는 기능이다. 하지만 중앙의 서버를 해킹하는 기존의 선례사건으로 금융에 커다란 혼란을 주기도 하였고, 우리는 여러 가지 경험을 하고 있다. 그래서 거래 내용 및 원장의 내용을 실시간으로 검증한다. 여기서 의문점이 생기는데 과연 누가 실시간으로 데이터를 검증할 것이냐 하는 문제이기도 하고, 투명하게 검증을 하지 못하면 대단히 많은 사건 사례가 남을 것이다. 그래서 지금의 중앙기관에서는 항상 자체 검증을 하고 있으므로 해킹이나 내부직원이 문제를 일으키면 이것을 해결하지 못하나, 블록체인은 항상 매번 다른 검증이 가능하다.

4.2.1. 검증시 대가 발생

블록체인을 검증하기 위하여서는 검증자로 선택이 되었을 때, 대가를 지출하고 검증을 해주는 방식을 택하였다. 이 방법은 내가 공정하게 검증하기 위해서 대가를 지출하지만, 반대로 그러면 그럴수록 더 많은 검증 작업에 참여할 수 있게 만들 확률이 높아진다. 이렇게 하는 이유는 나쁜 의도의 검증자를 최대한 필터링하는 장치로 만들기 위함이며, 아무래도 내가 '대가를 지출하고 들어와서 나쁜 짓을 할 리가 없다'라는 최소한의 안전장치를 하는 셈이다.

4.2.2. 검증자 보상 발생

블록체인 검증자가 무조건 검정을 하여 대가에만 지출하면 이것 역시 문제점이 발생하게 되고, 내가 좋은 일을 하기 위해 그 대가만을 지출하면 좋은 일을 할 수 있는 사람은 많지 않을 것이 분명하므로 검증자로 선정되면 검증자에게 그에 맞는 보상이 주어지게 되는데, 이것이 '토큰 이코노미(Token Economy)'라고 하는 보상 시스템이다. 네트워크의 사용자가 많아지면 많아질수록 신뢰성 있게 검증이 되어야 함은 분명할 것이다. 이렇듯 검증자가 보상을 많이 받으려면 검증을 제대로 했을 때 더 많은 보상체계를 주는 것이다. '평판 관리'와 같은 원리를 사용하여 그러한 평판 정보도 모두에게 알려지기 때문에 더 보상을 받기 위해 신뢰성 있는 검증을 하는 구조를 가지고 가게 되면 검증이 투명 할수록 보상이 많아지는 것이다.

4.3. 블록체인의 발전 과정 그리고 효시

블록체인은 오래전부터 이러한 탈중앙화에 대한 컨셉을 가지고 있는 반면에 현대 암호학(Cryptography)은 블록체인이 탄생하기 전인 제2차 세계대전 이후에 급속도로 발전하게 된 계기가 이루어지고, 이러한 암호학에서도 중앙화를 반대하고 개인과 개인 간의 거래에 암호학을 활용하게 되었다.

블록체인의 기술은 최초의 암호학에서 처음 나온 개념이다. 그렇지만 블록체인은 수학의 개념을 가진 이산대수의 문제에서 많은 영감을 얻고 있다. 이러한 블록체인의 암호화(Encryption)

및 복호화(Decryption)를 위한 암호화는 알고리즘을 통한 위 · 변조가 변경될 수 없음을 의미하고, 기존의 암호화 알고리즘은 블록체인의 인증에 커다란 비중을 차지하고 있다.

또한, 제2차 세계대전 이후의 비공개 키의 암호화 알고리즘에서 RSA등 수학 기반의 공개키 기반 암호화 알고리즘을 바탕으로 한 현대 암호학은 블록체인의 시초가 되기에 충분하였다.

모든 기술은 도중에 갑자기 기술개발이 이루어지는 경우가 없는 것처럼, 블록체인 기술도 점진적으로 진화되어가고 있어서 블록체인의 컨셉과도 일치하는 이유가 되며, 이 암호화 기술은 시대의 흐름에 맞게 발전이 되어갈 뿐만 아니라, 이러한 이유로 블록체인은 다양한 과정 및 흐름에 따라 발전해 가는 단계를 가지고 있다.

그리고 암호학(Cryptography)은 기밀성(Confidentiality), 가용성(Availability)을 바탕으로 암호화 되어가는 과정을 거치고 매개체로는 토큰(Token)을 사용하게 된다.

한편, 보안의 3요소를 기밀성(Confidentiality), 무결성(Integrity), 가용성(Availability)으로 이야기 한다.

이러한 블록체인은 해시 태그를 바탕으로 비공개키 암호화 알고리즘 및 공개키 알고리즘 및 해시 알고리즘을 이용하여 블록체인의 거래를 원만하게 이루어, 지금과 같이 모바일화 및 개인화가 팽배해진 현대사회에서는 공식적으로 블록체인의 기술을 이용하여 새로운 보안의 발전이 되어가고 있다.

연습문제

1. 블록체인의 원리에 관하여 논하시오.

2. 원장의 보관 및 투명성에 대하여 설명하시오.

3. 원장 내용 검증에서 검증 시, 대가 발생과 검증자 보상 발생에 대하여 비교하여 설명하시오.

4. 블록체인의 발전 과정에 대하여 논하시오.

5. 블록체인의 장단점

블록체인은 대부분이 분산화하는 과정을 거치고 있다. 블록체인은 탈중앙화된 분산 데이터베이스(Distributed DataBase) 구조를 이루고 있고, 각각의 블록체인 노드들은 신뢰를 바탕으로 노드별로 구성을 하여 암호화된 증명을 하고 있다.

또한, 탈중앙화의 의미는 신뢰할 수 있는 네트워크를 바탕으로 중앙의 기관을 없애고, P2P(Peer-to-Peer network)라는 환경을 바탕으로 블록체인 디지털 데이터베이스화 하여 암호화된 보안을 가져가는 구성을 하고 있고, 블록당 사이즈를 가지고 있어서, 블록체인의 대부분은 원장 데이터에 대한 신뢰성을 바탕으로 구성되게 된다.

블록체인이라는 새로운 개념은 기존의 암호화 방식에서 벗어나는 장점과 또 다른 암호화에 대한 단점도 가지고 있어서, 항상 기술은 트레이드오프(Trade-Off)의 관계에 있는 것이다.

한편, 이러한 블록체인 기반기술을 바탕으로 점진적으로 암호화 기술이 발전되고 있고, 블록체인은 여러 기존 시스템들에 비하여 많은 장점이 있는 반면에, 원본 데이터가 위조 되었을 때는 근본적인 문제가 발생하는 단점도 있다.

블록체인 대부분은 이러한 분산화된 원장을 탈중앙화 시키는 역할을 하고 있고, 이렇게 설계가 되면 기존의 노드들이 디지털 원장으로 증명이 되어 노드와 노드 사이의 대부분의 사이버 원장으로 가능하게 되는 탈 중앙화된 보안 아키텍처를 구성

할 수 있게 되는 것이다.

한편, 탈중앙화는 중앙의 서버를 거치기 때문에 성능의 효율성이 좋지 않은 단점도 가지고 있다. 이처럼 어느 한 가지가 모든 것을 대신할 수 있는 매개체가 될 수는 없으며, 이렇게 블록체인은 전자지갑을 바탕으로 한 서비스를 할 수 있다.

5.1. 블록체인의 장점

5.1.1. 분산성

블록의 생성과정에서부터 각각의 노드별로 사용되는 각각의 영역에서 일반적인 데이터베이스 관리시스템(DBMS)는 중앙 관리형 구조를 가진다. 이것은 큰 장점을 가지면서 또한 단점도 가지고 있다. 이러한 중앙형 데이터베이스 시스템은 중앙형으로 보안이 우수해 보일 수 있는데, 중앙의 데이터베이스 시스템만 보안을 강화하면 되기 때문이므로 기존의 데이터베이스는 보안, 성능을 위해서 중앙형 데이터베이스 구조를 고집하게 되지만, 블록체인은 이제 다르게 데이터베이스를 구성하게 된다. 노드들이 모두 분산되어 있어서 디도스(DDoS: Distributed Denial of Service) 등의 보안 공격에 매우 강하게 설계가 되어있고, 클라우드 시스템(Cloud System)이 많이 발전하고 있으므로, 물리적인 데이터 센터(Data Center)의 분산화 및 논리적인 가상화(Virtualization)를 통하여 그리드 컴퓨팅(Grid Computing)을 이용하는 구성이 가능한 것이 장점이다.

또한, 블록체인의 장점은 노드들 간을 나누어서 저장하기 때문에 데이터의 노드와 같이 노드들의 시스템과 분리하여 저장하면 매우 편리하게 사용될 수 있다.

5.1.2. 안정성

블록체인은 다른 말로 '분산원장'이라고도 부른다. 그렇게 부르는 이유는 원장의 데이터가 중간에 해커로부터 해킹을 당하여 위 · 변조가 되었다고 해도 안전하게 다른 노드에 저장이 되어있기 때문에 해커(Hacker)가 중간자 공격(Man In the Middle Attack)을 해 오더라도 해커들로부터 안전하게 분리하여 저장할 수 있는 장점이 있다.

만약 금융권에서 블록체인을 사용한다고 가정을 해보자. 금융권에는 '원장'이라는 바꿀 수 없는 데이터를 바탕으로 원장 정보는 아주 중요한 데이터이기 때문에, 승인된 블록체인은 중간에 변경이나 삭제가 매우 어렵게 되어있고, 이러한 현상은 블록체인이라는 공개된 분산원장을 은폐하여 보안을 높이기보다는 노드와 노드 간이 서로 '합의'에 의해서 공모를 할 수 있다는 점이 문제점으로 되고 있다.

이러한 담합에 대한 문제점을 극복하고 안정적인 분산원장을 만들어 데이터의 위 · 변조에 대한 기능을 최소화하는 작업을 사용할 수 있게 된 것이다. 모든 데이터는 변경 전에 신뢰된 데이터를 보호하여 안정적인 네트워크를 구성할 수 있다.

5.1.3. 신뢰 시스템

기존의 블록체인 서비스는 각각의 개인 간의 거래는 존재하지 않고 있으며, 그래서 지금까지는 클라우드(Cloud) 저장 장소를 이용하여 블록체인은 대부분 신뢰할 수 있는 시스템을 구성한다. 그리고 기존의 시스템은 이렇게 중앙의 시스템을 무조건 신뢰해야 하고 생각해야 하는 전제를 가진다는 점이고, 기존의 사용자들은 중앙의 관리자를 무조건 믿어야만 문제점을 해결할 수 있는 것이다.

그렇지만 중앙의 관리자는 실수나 누락으로 인하여 분명히 신뢰를 잃어버리는 경우도 생기므로, 악의적인 해커에 의해서 중앙의 서버가 탈취되는 경우도 존재하므로, 중앙 시스템을 사람들이 대부분 믿고 있다.

하지만 중앙 관리자의 권한이 해커로 부터 탈취될 때의 문제점은 항상 가지고 있고, 이러한 불안한 요소를 블록체인 시스템으로 충분히 극복할 수 있을 것이다. 이렇게 되는 세상은 중앙의 시스템을 거치지 않고 개인과 개인이 직접 연결을 이용하여 직접거래를 하는 간편한 점을 중앙이 아닌 블록체인이 인증해주는 장점이 있다.

5.2. 블록체인의 단점

5.2.1. 비잔틴 장군의 결함

블록체인은 기존 사용자들의 인증방식을 다르게 해석하고 있다. 이것은 기존의 인증은 암호화키를 알고 있는 수신자와 송신자 사이에서의 인증방식을 택하고 있다. 이는 분명히 양 당사자 간의 안전한 인증방식으로 이루어졌다면 '담합'이라는 행위에 자유롭지 못하고 있으면서, '51%의 비잔틴 장군의 결함'을 허용하는 점이다.

그러면 비잔틴 장군의 결함의 허용이란 무엇인지 알아야 할 것이다. 비잔틴 장군의 결함허용 문제는 1982년 레슬리 램포트(Leslie Lamport)와 로보츠 쇼스탁(Robert Shostak), 마르셀 피스(Marshall Pease)의 ACM Transactions on Programming Languages and Systems 학술지 논문의 The Byzantine Generals Problem에서 볼 수 있다[그림. 9].

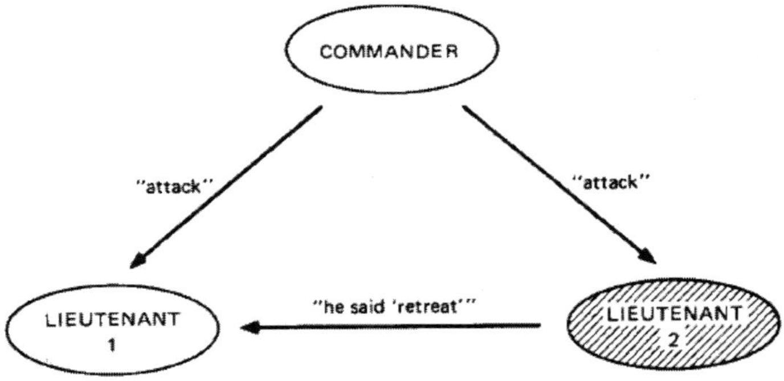

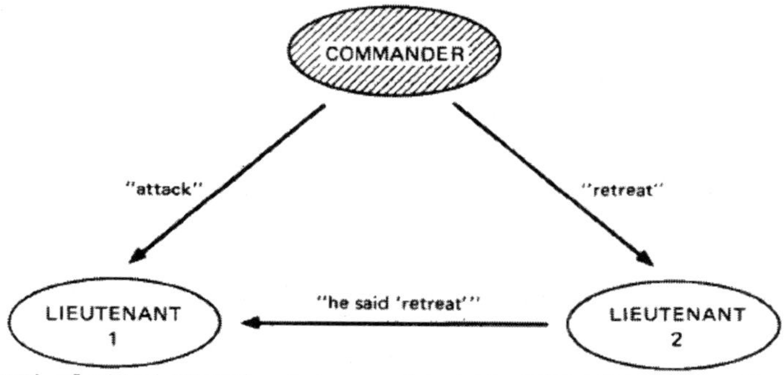

[그림. 9] 레슬리 램포트(Leslie Lamport) 교수의 비잔틴 장군의 결점 허용의 문제(The Byzantine Generals Problem)
(출처 : https://dl.acm.org/doi/10.1145/357172.357176)

이 논문은 고대의 비잔티움 제국에서 시작이 된다. 비잔티움 왕국은 지리적으로 떨어져 있는 군대가 서로서로 통신을 취하면서 전쟁 중 문건을 교환하면서 적지를 공격하는 형태의 시나리오를 가지고 있었다. 대부분의 비잔티움의 장군들은 이러한 규칙을 따르고 있었고, 대부분이 양식을 가진 충직한 군인의 자세를 가지고 있었기 때문이지만, 군대 내의 배신자는 어느 조직에라도 존재할 수 있었고 어느 시대라도 마찬가지였을 것이다.

이처럼 비잔티움의 장군들은 본인 마음대로 배신도 서슴지 않았고, 이러한 배신을 하는 장군들의 문제 [그림. 10]을 이미 알고 있음에도 불구하고, 성실한 비잔티움의 장군들은 이렇게 성실한 장군의 수가 얼마나 더 필요하며 어떻게 서로 통신을 하여야 배신하는 장군을 대신하여 서로서로 통신을 취해야 하는지에 대한 문제가 대두되기 시작 하였으며, 이것이 비잔티움 장군의 패러독스(Paradox)인 것이다. 항상 새로운 결정을 내리기 위해서 분명 사전에 위험은 있다고 하지만, 과반수의 인원이 합의를 이룬다면 그것은 합의될 가능성이 크다는 것이다. 이러한 이론을 '51%'의 이론 또는 '비잔틴 장군들의 결함 허용'이라고 부르며, 이러한 컨셉을 블록체인이 2008년 '비트코인'이라는 논문에서 사용하고 여기에 해시 함수의 암호화 알고리즘을 넣어 컨셉을 완성 시킨 것이라 생각된다. 이러한 컨셉이 성공적인 프로젝트로 입증되기 위해서는 매우 기나긴 시간이 필요했으며 나중에 중요한 블록체인의 컨셉으로 자리하게 되었다.

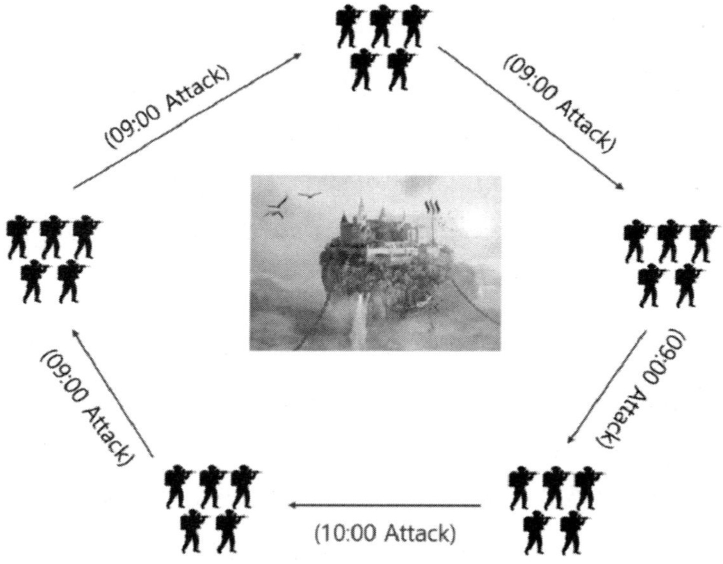

[그림. 10] 비잔틴 장군의 결함

5.2.2. 데이터 수정의 어려움

블록체인의 데이터는 한번 입력이 되고 나면 수정이 어려운 현상이 존재한다. 이러한 점은 데이터의 무결성 입장에서는 매우 장점이 될 것이다. 그렇지만 이러한 점은 한번 데이터가 저장되고 난 후에 결점이 있는 데이터가 입력되어 수정이 '불가하다'라는 컨셉이 매우 단점으로 적용될 수 있는 것이다. 이렇듯 블록체인의 최초의 데이터가 무결성을 가지기 전에 입력되고 난 후에는 더 이상의 수정이 불가하다는 점이 단점으로 부각하게 된다.

한편, 데이터의 오염도를 측정하기 위해서 데이터 무결성을 검증한 후 최초의 블록체인의 블록인 '제네시스 블록(Genesis Block)'에 담겨야 할 것이다. 이는 블록체인이 풀어야 할 향후의 숙제라고 볼 수 있다. 최근에는 데이터의 정확성, 무결성을 검증하고 블록체인과의 연동이 중요하다.

5.2.3. 프라이빗키(Private Key)

개인의 프라이빗키는 현대 암호학에서 매우 중요한 역할을 하고 있다. 이는 기존의 암호학에서 퍼블릭키와 프라이빗키 두 가지의 키를 가지고 암호학 기반의 인증정보를 가지고 접근제어를 하였다고 볼 수 있다. 이는 기본의 정보보호에서 프라이빗키는 매우 안전하게 보관해야 함을 의미한다. 이러한 프라이빗키의 정보를 대부분은 개인의 PC, 휴대폰, USB 드라이버 등에 담아 보관하고 있는 것이 실정이다. 하지만 이렇게 중요한 프라이빗키가 매우 위험하게 보관되고 있는 것도 사실이고, 이는 PC, 휴대폰, USB 등에서는 부실의 위험이나 해킹의 위험이 항상 존재한다는 것이다.

또한, 개인의 프라이빗키는 다른 의미로는 개인의 은행임에도 불구하고 사용자가 너무 가볍게 생각한다는 점이고, 개인의 은행인 프라이빗키를 분실하면 많은 문제점이 발생하여 개인의 금융정보 및 신용정보의 유출로 이어져 금융사고로 이루어질 수 있다. 따라서 사용자는 자신들의 프라이빗키를 강제적으로 보호해주는 안전장치가 딱히 없다는 것이 문제다.

한편, 일부 서버 기반에서의 블록체인은 매우 다른 의미를 부여하고, 서버 시스템은 개인키를 보관하는 키 관리 서버를 두어 관리하도록 만들었다.

하지만 모든 개인에게 이러한 키 관리 서버를 두도록 하는 것은 현실적으로 매우 힘들다. 그래서 블록체인의 컨셉을 이러한 접근형태로 두고 블록체인 기술을 개인키의 기술에 탑재하여 허용한다면 프라이빗키의 분실에 대한 단점을 극복할 수 있으리라 생각된다.

연습문제

1. 블록체인의 장점 중 분산성에 대하여 설명하시오.

2. 블록체인의 장점 중 안정성에 대하여 설명하시오.

3. 블록체인의 장점 중 신뢰 시스템에 대하여 설명하시오.

4. 블록체인의 단점 중 51%의 이론에 대하여 설명하시오.

5. 프라이빗키(Private Key)에 대하여 설명하시오

6. 비잔틴 장군의 결함허용 문제에 대하여 설명하시오.

7. 본 삽화는 1982년 레슬리 램포트(Leslie Lamport)와 로보츠 쇼스탁(Robert Shostak), 마르셀 피스(Marshall Pease)의 ACM Transactions on Programming Languages and Systems 4권 3호에 게재된 The Byzantine Generals Problem(비잔틴 장군의 결점 허용의 문제)의 참고문헌이다. 참고문헌을 찾아 읽어 보시오.

REFERENCES

1. DIFFIE, W., AND HELLMAN, M.E. New directions in cryptography. *IEEE Trans. Inf. Theory IT-22* (Nov. 1976), 644–654.
2. DOLEV, D. The Byzantine generals strike again. *J. Algorithms 3*, 1 (Jan. 1982).
3. PEASE, M., SHOSTAK, R., AND LAMPORT, L. Reaching agreement in the presence of faults. *J. ACM 27*, 2 (Apr. 1980), 228–234.
4. RIVEST, R.L., SHAMIR, A., AND ADLEMAN, L. A method for obtaining digital signatures and public-key cryptosystems. *Commun. ACM 21*, 2 (Feb. 1978), 120–126.

읽을거리

블록체인은 분명 암호학 및 보안 분야에서 파생된 패러다임이다. 기존 암호학은 자신이 가진 키를 감추고 아는 사람들끼리 키를 공유해 사용하는 방식을 선택했다. 이는 비밀리에 키를 만들고 사용하는 폐쇄적인 방법이라 할 수 있다. 보안은 최초로 전쟁에서부터 나온 것이므로 폐쇄적으로 운영할 수밖에 없었기 때문이다.

하지만 폐쇄형 암호 방식은 몇 가지의 단점이 있다. 그중 가장 큰 것이 중앙집중형 구조를 갖춰 몇몇 키를 가진 사람들끼리 담합을 할 수 있다는 점이다. 이 같은 문제에도 데이터의 안정성을 위해 암호화 방식을 사용했으며, 여러 사람이 담합하여 거짓 인증을 하게 되어 해킹 등에 노출될 수밖에 없는 것이 이유다.

6. 블록체인 종류

6.1. 퍼블릭 블록체인(Public Blockchain)

퍼블릭 블록체인(Public Blockchain)이란 블록체인이 처음 탄생되었던 배경과 너무나도 일치하는 컨셉이다. 최초의 블록체인 프로젝트인 비트코인 프로젝트에서 보면 개인과 중앙은행 사이의 신뢰 문제를 높이고자 개인과 개인이 거래가 가능한 분산원장을 만들어서 사용하고 있고, 이러한 블록체인을 퍼블릭 블록체인이라고 명명하고 있다. 그러한 다양한 서버, 사람 및 노드가 이러한 퍼블릭 블록체인 노드에 직 · 간접적으로 이용할 수 있게 되었다.

블록체인은 진정한 의미에서 퍼블릭 블록체인의 연구라 생각된다. 네트워트(Networks)에 참여하는 노드(Node)는 모두 개방형 플랫폼을 사용하기 때문에 이러한 퍼블릭에 대한 문제점을 대부분 가지고 있으며, 이러한 분산원장을 기반으로 각각의 컴퓨터의 조직을 '노드'라고 한다. 이 노드는 참여자가 개방형 블록체인으로 부르는 블록체인 아키텍쳐(Blockchain Architecture)를 사용하여 만들어나가는 것이다.

블록체인 프로젝트에서 퍼블릭은 진정한 의미에서 블록체인을 뜻하는 것이다[그림. 11]. 대부분의 Peer-to-Peer 프로젝트들은 모든 참여자를 대상으로 하고 중간의 승인 및 합의를 해줄 수 있는 사람을 없애고, 공정하게 노드에 의한 관리를 할 수 있는 아키텍쳐(Architecture)를 가지고 있다. 이것은 노드의 관계자인 퍼블릭 관계자는 서로의 합의를 해주는 중앙 서버가 없이 자동적인 “합의 알고리즘”에 의해서 인증을 해주는 시스템이다.

이러한 퍼블릭 블록체인은 인터넷에 연결된 노드들이 전 세계적으로 참여하여 다양한 데이터를 저장하고, 노드를 구성하는 블록을 만들고 검증하여 합의하는 전체 과정으로 갈 수 있다.

또한, 각 노드는 네트워크들의 참여에 의한 블록에 대한 정보를 노드에 복사하고 이를 저장 및 관리를 하여 언제든지 컴퓨터 네트워크를 통하여 서로 인증 해주는 관리 서버인 것이다. 이처럼 퍼블릭 블록체인 참여자들이 개인 간 거래를 할 수 있도록 노드에 접속하는 구조를 가진다.

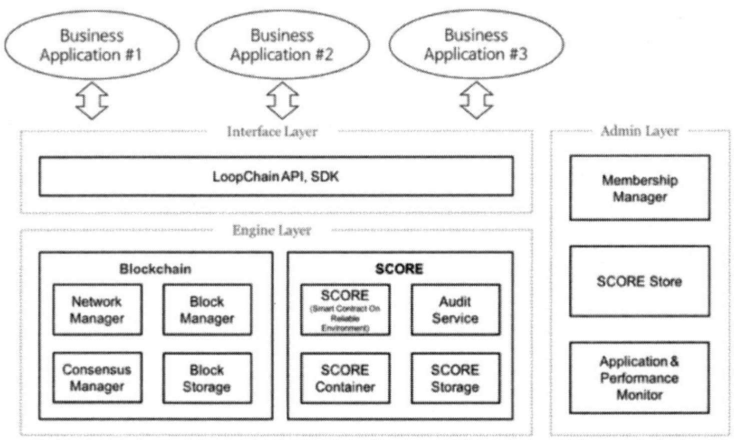

[그림. 11] 퍼블릭 블록체인의 원리

6.2. 프라이빗 블록체인(Private Blockchain)

프라이빗 블록체인(Private Blockchain)은 미리 정해진 조직이나 개인들만 참여할 수 있는 폐쇄형 블록체인 네트워크를 말한다[5].

기존의 퍼블릭 블록체인의 단점인 공공기관, 금융기관 등이 퍼블릭 블록체인의 개인 간의 거래를 하기 위해서는 매우 위험한 일들이 존재하므로, 이러한 거래를 위해서 개인 간의 합의 알고리즘을 쓰기에는 매우 부적합한 일이 있다. 따라서 미리 정해진 조직이나 개인들만 참여할 수 있는 폐쇄형 블록체인 네트워크인 프라이빗 블록체인이 등장하였다.

한편, 프라이빗 블록체인은 오프소스에 기반하여 개발된 IBM 사의 "하이퍼렛저"를 예를 들어 설명할 수 있다 [그림. 12].

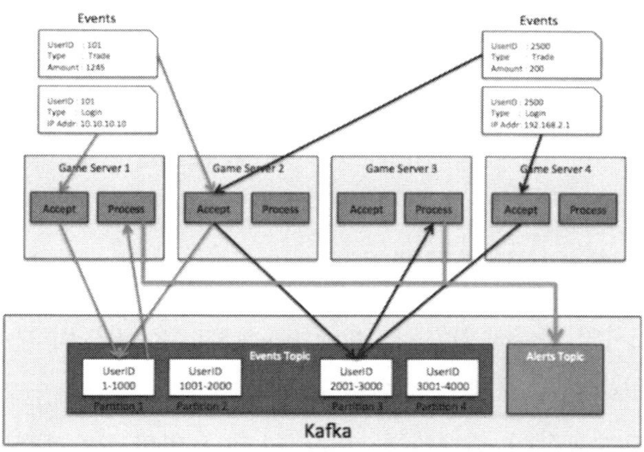

[그림. 12] IBM 하이퍼렛져 Kafka 플랫폼(출처 : IBM 홈페이지)

하이퍼레저 프로젝트 (Hyeprledger Project)란 중간의 합의 알고리즘에 의해 서로 간의 합의를 봐주는 것이 아닌 중간에 관리자가 검증을 해주는 하프(Half) 블록체인이라 볼 수 있다. 이러한 프라이빗 블록체인은 보안성 및 폐쇄적인 공공기관 등에 좀 더 맞는 모델이라고 할 수 있을 것이다. 프라이빗 블록체인은 서로의 노드간에 합의를 하되 거기에 맞는 업데이트된 원장 거래를 할 수 있게 한다. 프라이빗 블록체인의 원리는 [그림. 13]과 같이 부연 설명할 수 있다.

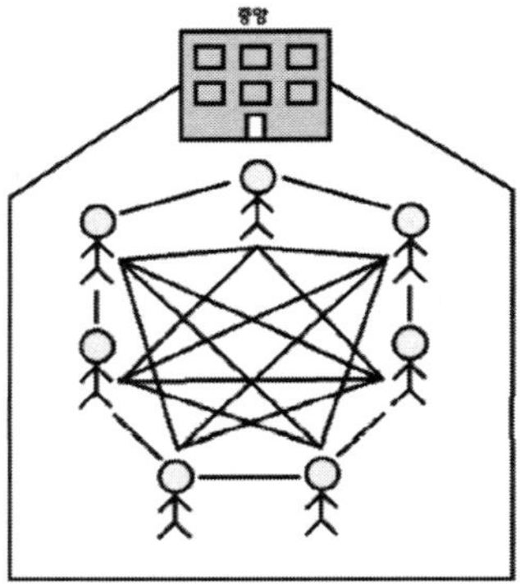

[그림. 13] 프라이빗 블록체인의 원리

6.3. 컨소시엄 블록체인(Consortium Blockchain)

컨소시엄 블록체인(Consortium Blockchain)은 퍼블릭 블록체인과 프라이빗 블록체인 사이의 블록체인이다. 블록체인의 다양한 프로젝트들이 존재한다. 이는 가장 유명한 R3 프로젝트인데 R3 프로젝트는 금융권을 연결해주는 프로젝트이다.

한편, 하이퍼레져 프로젝트는 하프 블록체인(Haif Blockchain)을 지향하고 있다. 그리고 골드 체인 얼라이언스(Gold Chain Alliance)로 대표되는 '부분적 중심화'라는 프로젝트를 사용한다. 이는 일반적으로는 컨소시엄 블록체인의 각 노드에는 이에 대응하는 오프라인 기구와 조직이 있으며, 권한 부여 후 네트워크 가입 및 탈퇴를 가능하게 하는 것이다.

한편, 컨소시움 블록체인의 원리는 [그림. 14]와 같이 설명할 수 있다. 주요 목적은 비용을 감소시키고 효율성을 상승시키는 것이며, 서로 다른 거래처 간의 거래나 결제 등을 B2B(Business-to-Business)에 적용된다.

[그림. 14] 컨소시움 블록체인의 원리

연습문제

1. 퍼블릭 블록체인(Public Blockchain)에 대하여 설명하시오

2. 프라이빗 블록체인(Private Blockchain)에 대하여 설명하시오.

3. 컨소시엄 블록체인(Consortium Blockchain)에 대하여 설명하시오.

7. 블록체인 기술

7.1. 블록체인 네트워크(Blockchain Network)

블록체인은 노드 간의 네트워크로 구성이 된다. 이는 각각의 네트워크 및 데이터베이스 성능에 영향을 주는 블록체인의 네트워크 성능에 기반한 것을 말하며, 블록체인 네트워크는 이렇게 분산된 노드는 각각의 네트워크 연산을 처리하므로 복잡한 기능을 가진다[그림. 15].

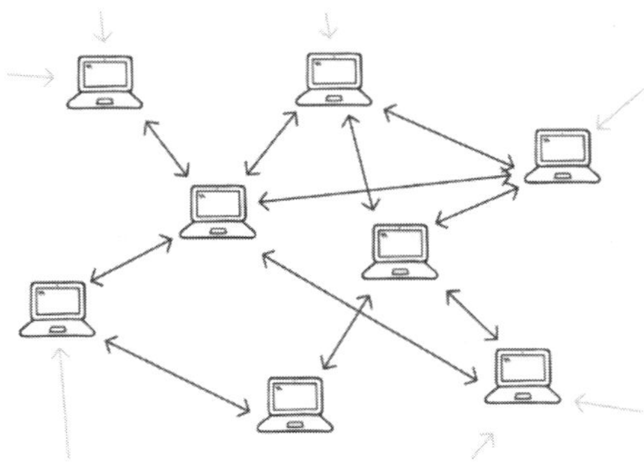

[그림. 15] 블록체인의 네크워크

7.1.1. 지갑기능(Wallet)

지갑기능이란 블록체인 네트워크에서 전자지갑을 이용하여 개인 정보를 거래하는 기능을 말하고, 개인의 정보가 탑재된 개인키와 공개키를 보관하고 있다고 할 수 있다. 이러한 지갑은 네트워크 노드 간의 정보를 전송할 수 있는 키 관리를 할 수 있고, 주소값을 인정하는 기능을 탑재하고 있다. 그리고 이러한 관리기능을 탑재한 전자지갑은 주소값을 가지며 통신을 위하여 개인 전송이 가능하다. 국내의 삼성에서도 [그림. 16]과 같이 지갑 서비스를 하고 있다.

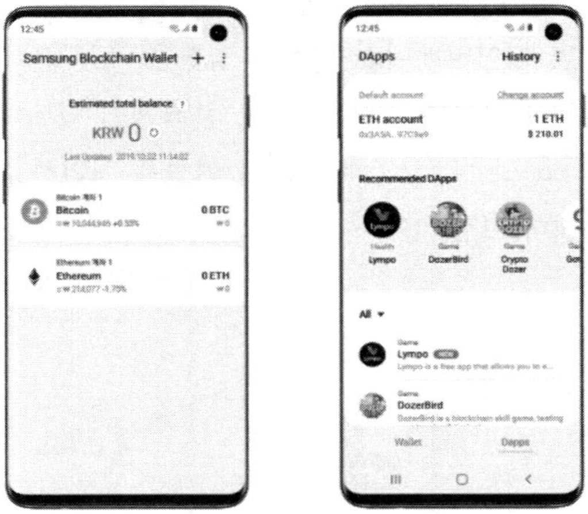

[그림. 16] 블록체인의 지갑 (Wallet) 서비스
(출처 : SAMSUNG 홈페이지)

7.1.2. 네트워크 노드(Network Node)

네트워크 노드에는 여러 형태의 노드값이 존재한다. 이러한 네트워크 노드 간에는 네트워크 전송 시 다른 노드와의 작업을 통하여 연산 때문에 업데이트 기능이 필요하며, 이것을 수행하고 있는 것을 네트워크 노드라고 할 수 있다.

7.1.3. 채굴 노드

네트워크 노드 중 채굴 노드는 'PoW(Proof of Work)'에서와 같이 블록체인을 채굴하는 방식에서 주로 많이 쓰이며, 이는 블록체인 프로젝트 중 채굴형 프로젝트에 많이 쓰이고 있다. 이것을 작업 증명 시스템이라고 부르기도 한다. 그리고 이러한 채굴 노드는 여러 가지 암호 문제를 내고 나중에 여러 네트워크의 참여자들이 정답을 풀어 맞추어서 노드에게 이익을 주는 채굴형 노드라고 말하고 있다.

7.1.4. 풀 노드

네트워크 노드 중 풀 노드(Full Node)는 전체 블록체인을 검증하기 위하여 전체노드가 필요한데 이때 필요한 노드가 풀 노드이다. 이 풀 노드는 전체 네트워크를 검증하기 위한 노드라고 이야기할 수 있으며, 이것은 전체노드를 복제하여 추후 비교하기 위하여 사용되는 노드이다. 그리고 이러한 풀 노드는 서로 다른 노드들끼리의 검증 작업을 하기 위하여 만들어진 노드이기 때문에 네트워크 작업속도 또한 중요한 역할을 하고 있다.

7.1.5. 블록체인 네트워크 라우팅(Blockchain Network Routing)

블록체인 네트워크 라우팅은 블록체인 네트워크 위에서 개인 간의 전송이 가능하도록 네트워크상의 최적화된 경로를 알려주는 기능이라고 할 수 있다. 이는 블록체인 합의를 하기 위해서는 매우 단순한 구조가 필요하다. 이를 위해 네트워크 라우터의 기능을 필요로 하고, 작업 경로를 가장 최적화하기 위해 네트워크 라우팅을 설정 해보면 되고, 이것은 블록체인상의 개인과 개인 간의 네트워크 전송기능을 맡는다.

7.1.6. SPV(Simplified Payment Verification)

SPV 노드는 전체노드를 검증하는데 사용하는 네트워크 노드를 말하며, 이 노드는 전체노드를 가지고 있는 것은 아니다. 다시 말하면 특정한 블록체인 노드들에 대한 검증을 위한 작업은 가능한 것이다. 이 SPV 노드는 모두 하나로 이어져 있고 풀노드에서 복제가 되어 SPV 노드로 저장이 되어 중요한 데이터를 얻어오고 있다. 이것은 매우 중요한 역할을 하고 있으며, 하나의 풀 노드(Full Node)는 여러 개의 SPV의 노드 연결이 가능하게 되며, 풀 노드에서 머클트리(Merkle Tree) 정보와 일부의 헤더 값을 보고 알 수 있다.

7.2. 샤딩(Sharding) 기법

최근 블록체인의 성능을 향상하기 위한 목적으로 트랜잭션(Transaction)의 병렬 처리가 가능한 샤딩(Sharding) 기법[38]을 도입하고 있다.

[그림. 17]은 샤딩의 개념을 도식화 한것으로 블록체인에 샤딩 기법을 적용할 때의 문제는 어떤 노드가 어떤 샤드를 담당하게 할 것인가의 문제와 각 샤드에서 어떤 트랜잭션을 담당하게 할 것인가의 문제로 볼 수 있다.

즉 샤딩기법은 일반적으로 데이터베이스에서 효율적으로 확장성을 확보하기 위해 사용하는 기법으로, 전체 데이터베이스를 조각내어 각 조각이 다수의 각기 다른 사이트에 의해 처리

되도록 하는 기법이다 [38].

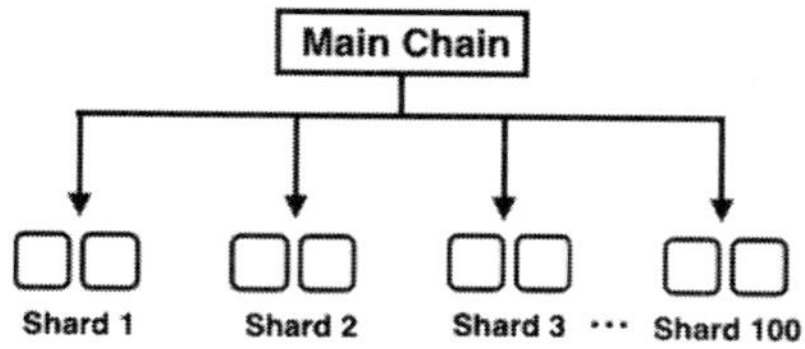

[그림. 17] 샤딩의 개념

7.3. 분산원장기술(Distributed Ledger Technology)

블록체인에서의 분산원장기술은 동기화된 데이터를 합의하는 과정이며, 블록체인에 대한 데이터는 분산된 저장소에 저장된다. 이러한 데이터 방식을 최근에는 IPFS(Inter Planetary File System)라는 분산화일 시스템을 만들어서 저장하고, 데이터가 중앙의 데이터베이스 시스템에 저장되는 것을 방지하여 분산 데이터에 저장하는 기술을 나타내며, 분산원장은 블록체인의 탈중앙화 된 서비스를 보여주며, 사용자 간의 통신 시스템에 저장되어 분산화된 기술이다. 여기에는 네트워크 노드간의 접속이 필요하다.

이는 지금 4차 산업 혁명 기술에서의 중요한 클라우드 컴퓨팅 기술이 발달하여 데이터는 물리적인 공간과 상관없이 향후 해커들로부터 안전하게 저장할 수 있으며, 이러한 장점을 이용하여 금융에서는 수년 전부터 이미 사용하고 있는 기술이기도 하다.

연습문제

1. 블록체인 네트워크 (Blockchain Network) 구성에 대하여 논하시오.

2. 지갑기능(Wallet)에 대하여 설명하시오.

3. 네트워크 노드, 채굴 노드, 풀 노드에 대하여 비교하시오.

4. 분산원장기술(Distributed Ledger Technology)에 대하여 설명하시오.

8. 블록체인 기반 기술

8.1. 암호학의 개념

암호학(Cryptography)이란 최초의 그리스 신화에서 나온 스테가노그래피(Steganography)라는 단어에서 유래가 되어 나타나게 된 개념이다.

고대 그리스, 로마 시대에는 여러 차례의 전쟁이 일어났고 전투 중에는 서로 통신을 할 방법이 많이 없었으므로, 통신하기 위하여 '연기'나 '불꽃' 또는 '사람'을 통해서 통신문을 전달하거나 암호구호 등을 자주 사용하게 되었으며, 여기에는 많은 문제점이 있었다. 실제로 고대 그리스, 로마 시대에는 전쟁 도중에 암호문을 아군끼리 주고 받기가 매우 어려웠으므로, 그 당시의 노예 제도를 이용하여 노예를 통하여 통신을 전달하는 일이 비일비재 하였다.

그러나 이러한 방법이 노예가 암호문을 제대로 전달을 해주면 전혀 문제가 되지 않겠지만, 아군에게 전달하기 전에 적군에게 잡혔을 때는 아군의 군사 기밀이 노출되거나 암호문이 오픈되기 십상이었다.

이러한 문제점을 극복하기 위해서 노예의 머리를 삭발하고 그 머리 위에 문신을 새겨 암호문을 만들고, 다시 머리를 기르게 하여 노예가 적군에게 발각이 된다고 해도 암호문이 노출되지 않게 만들었다. 이러한 방법을 "스테가노그래피"라고 하며 이것이 최초의 암호학이라고 불리게 되었다.

고대에는 이러한 방법으로 많은 암호문을 만들었다면, 그 이후에는 컴퓨터의 기술적인 연산 능력의 급성장으로 현대 암호학이 나타나게 되었다. 이러한 현대 암호학은 공개키, 비공개키를 기반으로 하는 암호학으로 태어났으며, 지금은 수학을 기반으로 해커들로 부터 안전하게 만들어지는 해시 암호학에 이르기까지 여러 형태의 암호문이 생기게 된 것이다. 즉 중요한 평문을 그대로 전달하기에는 매우 위험한 일들이 일어나기 때문에, 중간에 가로채기 공격을 당하더라도 그것을 방어하기 위한 수단으로 암호학은 대단히 많이 쓰이고 있으며, 우리나라에서도 암호학에 관한 연구가 벌써 수년 동안 연구개발을 계속하고 있는 단계이다.

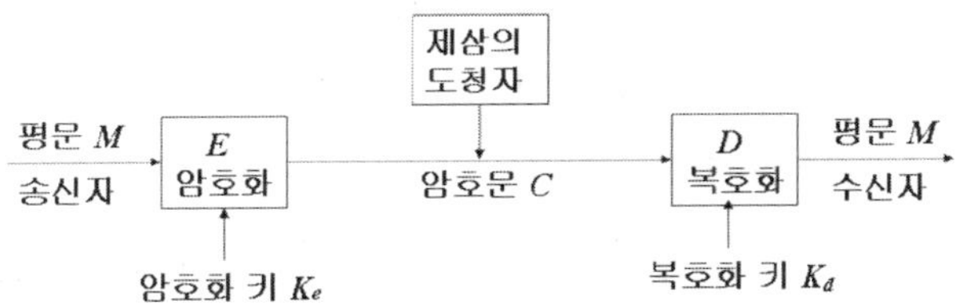

[그림. 19] 암호 시스템의 구성

한편, 암호 시스템의 구성은 [그림. 19]와 같이 평문을 보내는 송신자와 이러한 평문을 암호문으로 바뀐 정보를 받는 수신자 사이로 나누어서 생각해 볼 수 있다.

그리고 중간에 암호문을 만들어 중간에 중간자 공격을 통하여서 해킹 또는 가로채기를 해도 되는 암호문을 말하는 것이다. 이렇게 암호문을 정당한 키를 가지고 복호화를 하는 과정을 암호화 복호화라는 표현을 쓰고, 복호화라는 과정을 거치지 않고 암호문을 평문으로 보기 위해서 하는 행위를 '해독'이라고 부른다. 암호화 복호화가 정상적인 절차에 의한 작업이라면 해독은 비정상적인 행위라고 할 수 있다.

8.1.1. 고대 암호학의 개념

고대 암호학은 컴퓨터가 개입되지 못한 암호학으로 정의할 수 있으며, 수학적인 개념이 들어가지 않는 방법을 택한 것이 아주 많았으며, 고대에는 치환 및 전치 등의 방법을 활용하여 암호화를 하는 것이 대부분이었다. 음악의 악보를 바꾸는 방법이라던지, 아니면 평문의 알파벳 위치를 바꾸는 등의 전치와 치환의 방법을 통하여 암호문을 만들어 사용하게 된 것이다.

그러나 고대의 암호학에서 많은 암호학의 개념이 생겼으나 해커에게는 대입 또는 예측을 기반으로 하여 이러한 암호문을 해독할 수가 있었다. 물론 3000년 동안의 오랜 역사를 통하여 암호화를 만들었지만 결국은 이러한 암호문에 허점이 나타나게 되어 고대의 암호학은 문제가 많은 것으로 판명되어 지금의 현대 암호학이 나온 계기가 되었다.

8.1.2. 현대 암호학의 개념

현대에 와서는 영국의 앨런 튜링(Alan Turing)이 에니그마(Enigma) 해독기로 암호학의 기반을 다지게 된 것이 컴퓨터 공학의 시발점이 되었으며, 비트코인 이후 블록체인의 확장에 영향을 미쳤다고 볼 수 있다.

미국의 애플의 창업주 스티브 잡스도 앨런 튜링을 존경하여 회사 로고를 만들 때, 앨런 튜링이 독이든 사과를 먹고 자살을 한 것을 모티브로 로고로 만든 것은 유명하다.

그리고 ACM(Association for Computing Machinery) 학회에서는 컴퓨터 과학에 최고의 업적을 남긴 학자에게 튜링상을 매년 시상하고 있다[그림. 20].

(a) ACM 튜링상

(b) 2021년 6월 23일부터 사용 되고 있는 영국 50 파운드 지폐

[그림. 20] ACM 튜링상과 영국 50 파운드 지폐

한편, 현대 암호학은 컴퓨터의 개입이 많은 단계에서 나타나게 된 개념이다. 이러한 현대 암호학은 미국의 스탠퍼드(Stanford) 공과대학의 디피(Diffie) 교수님과 헬만(Hellman) 교수님에 의해서 'New Directions in Cryptography'라는 논문이 발표되면서 최초로 탄생하게 되었다.

이 논문에서는 암호화 중 키(Key) 관리가 매우 중요하고 공개키라는 개념을 만들어서 하나의 키(Key)를 오픈함으로써 조금 더 강한 암호화 알고리즘으로 탈바꿈을 할 수 있는 현대 암호학의 공개키 기반 암호학의 시초가 될 수 있었다. 그 뒤에 MIT(Massachusetts Institute of Technology) 공과대학의 로널드 라이베스트(Ronald Lorin Rivest), 아디 샤미르(Adi Shamir), 레너드 애들먼(Leonard Adleman) 교수님들에 의하여 수학의 이산대수의 문제를 기반으로 하는 암호학을 만들어서 나타나게 된 것이다.

그 뒤로 미국의 대표적인 ICT 기업인 IBM에서 공모하여 개발한 DES, 3DES, AES 등과 같이 암호화된 알고리즘이 현대의 암호화 알고리즘의 표준으로 자리매김을 하게 된 것이다. 한편, 우리나라는 암호화 알고리즘을 인정해주는 국가로 이미 2004년에 승격이 되어, 이미 우리나라에서도 SEED, ARIA 같은 국내에서 표준을 가져가는 현대 암호화 제조국으로 이미 위상을 떨치고 있다[그림. 21].

[그림. 21] RSA 암호학 창시자 (출처 : BIRMINGHAM University 홈페이지)

8.2. 네트워크(Network)

블록체인을 생성하기 위하여 많은 노드 및 블록이 네트워크를 이용하여 서로 P2P 통신을 하고 있다. 이는 이러한 노드들이 서로 통신을 하기 위해 기존의 OSI 7 Layer를 이용하여 물리 계층, 데이터링크 계층, 어플리케이션 계층를 통하여 네트워크를 이용하고 네트워크망 사용이 가능하게 만든 네트워크 구성이라고 말할 수 있으며, 이런 네크워크는 기존의 통신망을 기반으로 하여 TCP/IP, UDP 통신 같은 여러 가지 네트워크 프로토콜을 사용하여 통신이 되도록 하고 있다[그림. 22].

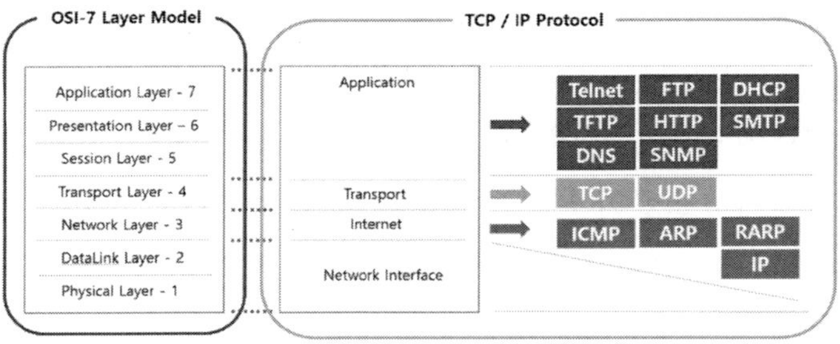

[그림. 22] OSI 7 Layer 및 TCP/IP 4 Layer (출처 : itqomcom.blogspot.com)

읽을거리

ACM 튜링상 (ACM Turing Award)

ACM(Association for Computing Machinery)에서 컴퓨터 과학 분야에서 최고의 업적을 남긴 사람에게 매년 시상하는 상이다. 앨런 튜링의 이름을 따서, 1966년 제정되었다. ACM 연례 회의에서 시상식을 하는데 여기서 수상자가 기념 강연을 하는 것이 통례이다.

한편, ACM 학회는 컴퓨터공학 분야의 최고의 학회이며 ACM Transactions 의 국제학술지(Journal)등을 다수 보유하고 있으며 분과별로 탑티어 컨퍼런스 (학술대회)에서는 최신의 연구 동향이 논문으로 발표 되고 있다.

2020년 ACM Transactions on Computing for Healthcare 창간이나 2020년 ACM Transactions on Data Science 창간이다. 언젠가 ACM Transactions 과 같은 학술지(Journal)에서도 블록체인 창간 될것으로 예상된다.

한편, 컴퓨터 분야에서는 가치 있는 연구의 결과물이 특허가 아닌 논문으로 남기는 경우가 많이 있다. 구글의 자회사인 딥마인드(DeepMind) 데미스 하사비스 (Demis Hassabis) 박사팀은 이세돌 9단을 이긴 알파고를 논문으로 네이처 표지 논문으로 발표 하였는데, 익명의 사토시 나카모토도 비트코인과 블록체인을 논문으로 발표 하였다.

ACM 튜링상의 수상자와 업적은 다음과 같다.

수상연도	수상자	업적
1966년	앨런 펄리스	고급 프로그래밍 기법, 컴파일러 설계
1967년	모리스 윌크스	라이브러리

1968년	리처드 해밍	자동 코딩 시스템, 오류 검출 부호 및 오류 정정 부호
1969년	마빈 민스키	인공지능
1970년	제임스 H. 윌킨슨	수치 해석, 선형 대수, "후방" 오류 분석
1971년	존 매카시	LISP
1972년	에츠허르 데이크스트라	프로그래밍 언어 연구, 다익스트라 알고리즘
1973년	찰스 바크만	데이터베이스
1974년	도널드 커누스	알고리즘 분석 및 프로그래밍 언어 개발, TeX
1975년	앨런 뉴웰 / 허버트 사이먼	인공지능, 인지과학, 리스트 처리
1976년	미하엘 라빈 / 데이나 스콧	비결정 기계
1977년	존 배커스	고급 프로그래밍 시스템, 프로그래밍 언어 명세의 형식적 절차
1978년	로버트 플로이드	효율적이고 신뢰할 수 있는 소프트웨어 개발을 위한 방법론
1979년	케네스 아이버슨	프로그래밍 언어와 수학 표기법, 대화형 시스템 구현, APL의 교육적 사용, 프로그래밍 언어 이론
1980년	토니 호어	프로그래밍 언어의 정의 및 디자인
1981년	에드거 F. 커드	데이터베이스 관리 시스템, 특히 관계형 데이터베이스
1982년	스티븐 쿡	계산 복잡도
1983년	켄 톰프슨 / 데니스 리치	범용 운영 체제 이론, 유닉스 운영 체제 개발, C언어
1984년	니클라우스 비르트	컴퓨터 언어 개발, Pascal
1985년	리처드 카프	알고리즘 이론, 특히 NP-완전성에 대한 연구
1986년	존 홉크로프트 / 로버트 타잔	알고리즘 및 자료구조의 디자인 및 분석

1987년	존 코크	컴파일러 이론, 대형 시스템 구조 연구, RISC 개발
1988년	이반 서덜랜드	컴퓨터 그래픽스
1989년	윌리엄 카한	수치 해석
1990년	페르난도 J. 코바토	CTSS, 멀틱스
1991년	로빈 밀너	LCF, ML, CCS, 힌들리-밀너 타입 추론
1992년	버틀러 램슨	분산 컴퓨팅 환경
1993년	유리스 하르트마니스 / 리처드 스턴스	계산 복잡도 이론
1994년	에드워드 파이겐바움 / 라즈 래디	대용량 인공 지능 시스템
1995년	매뉴얼 블럼	계산 복잡도 이론 연구 및 계산 복잡도 이론을 암호학과 프로그램 검사에 응용
1996년	아미르 프누엘리	프로그램 및 시스템 검증
1997년	더글러스 엥겔바트	대화형 컴퓨팅
1998년	짐 그레이	데이터베이스 및 트랜잭션 처리
1999년	프레드 브룩스	컴퓨터 구조, 운영 체제, 소프트웨어 공학
2000년	앤드루 야오	계산이론, 유사 난수 생성기, 암호학 등
2001년	올렌-요한 달 / 크리스텐 니가드	객체 지향 프로그래밍
2002년	로널드 라이베스트 / 아디 샤미르 / 레오나르드 아델만	공개키 암호 시스템
2003년	앨런 케이	객체 지향 프로그래밍, Smalltalk
2004년	빈트 서프 / 로버트 칸	TCP/IP를 비롯한 인터넷워크 설계
2005년	페테르 나우르	프로그래밍언어와 알골 60 정의, 컴파일러 설계
2006년	프란시스 E. 앨런	고성능 컴퓨팅
2007년	에드먼드 M. 클라크 / E. 앨런 에머슨 /	모델 체킹

	조세프 시파키스	
2008년	바바라 리스코프	데이터 추상화, 분산 컴퓨팅, 고장허용범위
2009년	찰스 P. 태커	퍼스널 컴퓨터, 컴퓨터 네트워크
2010년	레슬리 밸리언트	기계 학습
2011년	유디 펄	인공지능, 확률적 알고리즘과 원인 추론
2012년	샤피 골드바서 / 실비오 미칼리	영지식 증명, 암호체계
2013년	레슬리 램포트	블록체인
2014년	마이클 스톤브레이커	데이터베이스
2015년	휫필드 디피 / 마틴 헬만	디피-헬만 키 허용
2016년	팀 버너스리	www 의 창안
2017년	존 헤네시 / 데이비드 패터슨	RISC
2018년	제프리 힌튼 / 요슈아 벤지오 / 얀 르쿤	딥러닝
2019년	에드윈 캐트멀 / 팻 한라한	컴퓨터 그래픽스
2020년	제프리 울만/ 앨프리드 에이호	컴파일러

연습문제

1. 암호학의 역사에 대하여 설명하시오.

2. 암호 시스템 구성에 대하여 설명하시오.

3. 고대 암호학과 현대 암호학에 대하여 비교하시오.

4. ACM 튜링상의 수상자와 업적에 대하여 알아보자.

5. 구글에서도 이세돌 9단을 이긴 알파고를 논문으로 발표 하였는데 익명의 사토시 나카모토도 비트코인과 블록체인을 논문으로 발표 하였다. 최신 기술을 논문으로 공개하는 이유가 무엇인지 생각해보자.

9. 합의 알고리즘

9.1. 작업증명 계열 (PoW 계열) 알고리즘

작업증명(PoW)은 사토시 나카모토의 논문 'Bitcoin: A Peer-to-Peer Electronic Cash System'에서 처음 소개된 메커니즘으로 비트코인을 비롯한 여러 블록체인에 적용되고 있는 전형적인 합의 알고리즘이다.

핵심 원리는 네트워크에 참여하는 모든 노드는 블록 생성의 권한을 가진다. 블록은 거래 내용 들을 담고 있어서 블록을 생성한다는 것은 해당 블록 내에 기록된 거래 내용 들이 입증되었음을 의미한다.

그리고 블록을 생성하기 위해서는 특정한 난이도의 해시(Hash)값을 구하는 수학적 연산을 하여야 한다. 해당 연산은 단순하지만 많은 처리 능력이 필요하며 해시값을 찾기에 성공한 노드는 블록을 생성하며, 원리는 간단해 보이지만 여기에도 치밀한 장치들이 설정되어 있다. 모든 블록체인을 기본적인 자료구조 관점에서 보면, 링크드 리스트(Linked List)의 방법으로 블록들이 연결되어 있으며, 링크드 리스트란 각 노드들을 포인터로 연결하여 관리하는 구조를 말한다. 쉽게 말하자면 모든 블록은 자신만의 고유한 블록 해시값(위에서 말한 해시 값과 동일)을 가지고 있는데, 이 고유한 값은 앞에 연결된 블록의 블록 해시값에 대한 정보를 가지고 있어야 한다. 예를 들어 Block 1, Block 2, Block 3 이렇게 블록들이 연결되어 있다고 가정했을 때,

Block 3의 해시값에는 Block 2의 해시값에 대한 정보가 담겨 있어야 하며, 다음으로 Block 4를 이어 붙이기 위해서는 Block 3에 대한 해시값을 기반으로 다른 정보(거래 내역 등)들과 조합하여 Block 4의 해시값을 구해야만 연결이 되며, 모든 블록은 한 줄로 연결되어 있어서, 블록 간에는 해시값을 매개로 연결이 된다고 볼 수 있다.

한편, 모든 블록은 고유한 해시값을 가진다고 했는데, 해시값을 구하기 위해서는 앞에 연결할 블록의 해시값 이외에도 다른 정보들을 입력값으로 가져온다.

그중의 하나가 'Nonce'라는 값인데 다른 정보와의 차이점은 바로 주어지는 값이 아니라 직접 구해야 하는 값이라는 점이다. Nonce 값을 구해야만 최종적으로 해당 블록의 해시값을 구할 수 있다. Nonce 값을 구하기 위해서는 특정 수학적 연산을 수행('작업증명' 혹은 '채굴'을 의미)해야한다.

예를들어 비트코인의 경우 평균 10분이 소요되도록 설계되어 있는데 기술 발전 등의 문제에 대응하기 위해 해시 난이도를 주기적으로 조절하고 있다.

한편, 작업 증명에는 높은 컴퓨팅 파워와 막대한 양의 전기 비용이 들기 때문에 이에 대한 보상이 없다면 아무도 작업 증명을 하지 않게 된다. 이에 성공적인 작업 증명에 대한 보상으로 새로 발행되는 암호화폐와 작업 증명이 이루어진 블록에 기록되어 있는 거래 수수료를 지급한다. 이러한 보상은 작업 증명에 대한 동기 부여 및 유인의 역할을 하게 되며 이러한 이유에서 블록체인과 암호화폐는 불가분의 성격을 지니게 된다.

또한, 블록 생성은 노드 단위에서 개별적으로 그리고 자율적으로 진행되기 때문에 작업 증명의 과정에 있어서 두 개 이상의 노드가 거의 동시에 블록을 생성하는 현상이 발생할 수 있다. 이는 분산 장부 내용에 불합의가 존재함을 의미하며 모든 노드의 분산 원장은 동기화 되어야 한다는 블록체인의 기본 개념과는 일치하지 않는다. [그림. 24]는 작업증명 계열(PoW 계열)의 개념을 도식화 한 것이다.

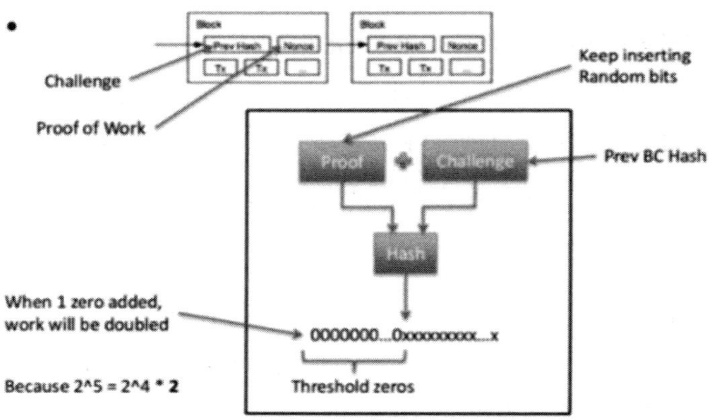

[그림. 24] PoW 개념도

9.2. 작업증명의 합의 계열 (PoS 계열) 알고리즘

작업증명의 합의(PoS) 알고리즘은 블록체인의 현실적인 합의 알고리즘으로의 구성을 위해 PoW의 단점을 극복하며 나타났다. 하지만 시간이 지날수록 과도한 에너지 소비 및 채굴의 독점화가 발생하기 시작했고, 이에 새로운 합의 알고리즘에 대한 논의가 시작되었다. 그렇게 나온 합의 알고리즘이 바로 지분증명(PoS)이다. 지분증명이란 참여자의 소유 지분(Stake)이 블록 생성 권한에 반영이 되는 알고리즘을 말한다.

한편, 블록 생성 및 검증의 역할을 하는 유효성 검사 도구(Validator)가 되기 위해서는 자신이 보유하고 있는 암호화폐를 보증금의 형태로 작업하는 특별한 거래(Special Transaction)를 해야 한다. 그 이후에 새로운 블록을 생성하고 검증하는 절차는 모든 효성 검사 도구 (Validator)가 참여할 수 있도록 하는 특정 '합의 알고리즘(Consensus Algorithm)'에 의해 이루어진다[10]. 여기서 중요한 점은 바로 특정 합의 알고리즘이 하나가 아니라는 것이다.

한편, 작업증명의 경우 대표적인 비트코인 사례가 표본이 되지만 지분증명은 '참여자의 소유 지분이 블록 생성 권한에 영향을 미친다'는 의제를 큰 틀에서 공유하고 있을 뿐 세부적인 부분에서는 많은 차이가 있다.

또한, 일반적으로 블록체인 네트워크의 51%가 동시에 공격을 진행하면 해당 블록체인은 신뢰성을 잃게 된다. 이를'51% 공격'이라고 보통 부른다. 이에 지분증명 방식과 관련해서 51%의 지분을 보유한 사람이 존재한다면 쉽게 악의적인 공격이 가능하지 않냐는 우려가 생기기 시작했다.

왜냐하면 엄청난 에너지와 기타 자원(채굴기, 넓은 평지 등)을 소모해야 하는 작업증명과 달리 지분증명은 지분만 있으면 누구나 쉽게 블록 생성 권한을 가질 수 있기 때문이다. 그리고 이렇게 독점 권력을 갖기 위해 지분증명 방식이 작업증명의 방식보다 약 100배 정도 비용이 더 들 뿐만 아니라, 지분증명에서는 누구나 코인만 가지고 있으면 네트워크 참여가 가능하기에 분산화가 더 잘되어 있다고 말할 수 있다.

그러나 단순 수학적 계산으로 비교할 수 있는 부분은 아니라고 주장하기도 한다. 그 이유는 블록체인의 런칭 시기 및 화폐 발행량을 포함한 다양한 요인들로 인하여 51% 지분을 확보하는 비용이 다를수도 있기 때문이다. 처음 지분증명 방식이 제안되었을 때 초반에 지분을 많이 확보해 두면 블록 생성 권한을 계속해서 갖게 되는 '불평등'의 문제가 제기되는데, 이에 대한 보완책으로 내놓은 것이 보유한 코인의 '양'과 '보유 일수'를 반영하는 것이다. 예를 들어 A가 10개의 코인을 10일 동안 보유했다면 100의 가치를 갖게 하는 것이다. 이 경우에 보유 코인이 적어도 보유 일수가 길면 블록을 생성할 수 있는 확률이 높아지기 때문에 균등하게 기회가 주어진다.

그리고 대표적인 지분증명 방식 중 하나가 BFT-Style이라고 했는데 BFT(Byzantine Fault Tolerance)가 무엇인지 알기 위해서는 Byzantine Generals' Problem을 알아야 한다. Byzantine Generals'Problem이란 비잔틴 제국의 여러 장군이 하나의 적군을 공격하기 위해 출격을 하는데, 적군과의 전쟁에서 승리하기 위해서는 과반수이상의 장군들이 같은 시각에 공격을 해야 한다[그림. 25].

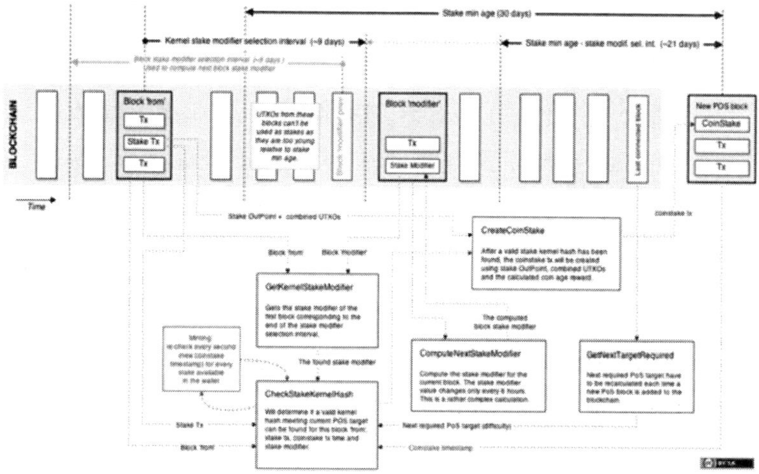

[그림. 25] PoS 개념도

그러나 장군들은 오직 연락병을 통해서만 소통을 할 수 있으며 이들 중에는 한 명 이상의 배신자가 존재하기 때문에 어떻게 출격 시각을 합의할 것인가가 중요한 문제가 된다.

9.3. 지분증명 계열 (DPoS 계열) 알고리즘

지분증명 계열인 DPoS(Delegated Proof of Stake) 알고리즘는 PoS 방식의 단점을 극복하여 기여도에 따라 합의를 하는데 있다. 하지만 지분증명방식과 다른 점은 대표자를 선출하여 그 대표자들 사이에서 합의를 하는 방식이다 [5].

이 방식을 통하게 되면 네트워크에 있는 노드들이 모두 합의를 하는 것이 아니라 대표 노드만 합의를 하기 때문에 성능면에서 많은 우위를 가지는 이점이 있다. 모든 노드들이 대표 노드를 선출하는 과정도 투표에 의해서 이루어지기 때문에 조금 더 민주적인 방법으로 합의에 대한 권한을 가지는 대표노드를 선출할 수 있다. DPoS는 전체 21개 노드들을 선출하여 과반수 이상의 합의를 거치기 때문에 POS에 비해서 고성능을 가질 수 있으며, 네트워크 그룹 내부의 BP(Business Parter)를 설정하고 그들에게 위임을 하기 때문에 많은 네트워크 파워를 가능하게 한다. 즉 DPoS는 최종 2단계의 프로세스를 가지고 있다. 첫 번째는 블록노드에서 대표자를 선출하는 과정이며, 두 번째는 블록생산 일정을 가져가는 단계이다.

또한, 네트워크에 많은 다양한 문제가 발생할 때를 대비하여 노드의 사용자를 선출하는 과정에서는 민주적으로 가장 기여가 많은 노드가 결정권을 가지도록 한다. 따라서 블록 사용자를 선출하는 과정은 이렇게 빠르게 분단위로 이루어지는 합의 과정에 비하면 큰 영향을 주지 않는다. PoS에 비하면 21개의 대표 노드로 합의를 만들기 때문에 성능면에서 많은 장점을 가지고 있다.

하지만 DPoS도 이러한 21개의 대표 노드들 간의 담합이라는 큰 문제점을 가지고 있는 것 또한 현실이다. 블록체인의 투명성을 바탕으로 합의를 하여 보다 좋은 성능 데이터를 가지고 있지만 담합에 의해 무력화될 수 있는 단점이 있는 것이다. 그럼에도 불구하고 DPoS 방식은 많은 네트워크 그룹의 BP들로 하여금 많은 지지와 네트워크 할당을 통해 다수의 강점을 지니고 있다.

9.4. 합의 알고리즘 표준화

합의 알고리즘은 다양한 블록체인에서 핵심적인 기술로 사용이 되고 있고, 많은 발전을 하고 있는 단계이다. 하지만 이러한 합의 알고리즘 기술의 경우, 크고 작은 문제점들이 여전히 드러나고 있는 실정이다. 이를 방지하기 위해 합의 알고리즘에 대한 표준화 정의가 필요하다. 표준화에 대한 정의는 합의 알고리즘의 중요성이 시작되는 지점이다. 합의 하는 방법은 노드 간의 검증이 완료되고 난 후 발생하는 과정이다. 이는 다른 말로 검증된 노드들이 블록체인 네트워크에 참여한다면 신뢰를 주는 것과 같은 의미이다. 여러 종류의 합의 알고리즘은 다수 존재하지만 알고리즘, 아키텍처, 방법론, 프로토콜 등의 용어로 혼재되어 사용되고 있다. [그림. 26]와 같이 합의 알고리즘(Consensus Algorithm)표준이란 다수의 참여자가 통일된 의사결정을 하기 위해 사용하는 합의 알고리즘의 표준체계를 말한다. 이러한 합의 알고리즘의 종류는 다양한 분야에 사용되기 때문에 메뉴얼 같은 표준화가 필요하게 된 것이다.

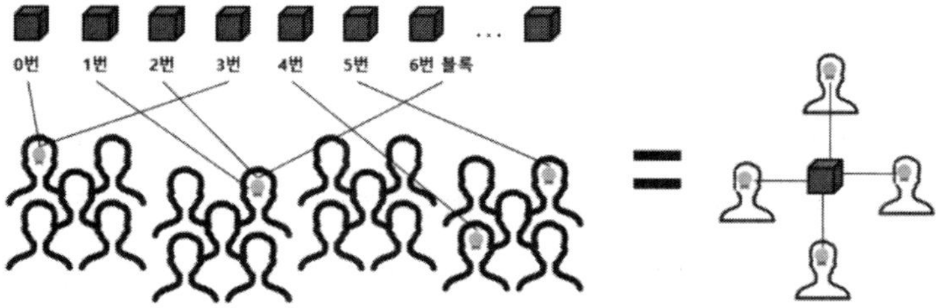

[그림. 26] 블록체인 합의 알고리즘 구조

한편, 표준화 단계는 기존의 합의 방법론, TPS(Transaction Per Second), 합의 거버넌스 모델, 토큰 이코노미 등을 이용하여 데이터 수집 및 검증 단계를 측정하기 위한 항목에 대한 표준 체계와 절차가 필요하다. 하지만 현재 합의 알고리즘에 대한 국제적인 매뉴얼이 없는 상황이며, 이러한 표준화 체계 없이는 블록체인 프로젝트는 향후 검증을 할 수 없는 단계에 이를 수밖에 없다. 따라서 표준화에 대한 검증 모델 및 선진 사례를 기반으로 우리나라가 블록체인의 세계화를 선도할 수 있도록 해야 한다. 그렇지만 아직까지 블록체인 합의 알고리즘의 표준화에 대해서는 간과를 하고 있다. 블록체인의 핵심기술인 합의 알고리즘의 표준화에 대해 살펴본다. [표 1]과 같이 ISO TC 307은 국제기준에서 표준화를 진행하고 있고, ISO TC 215는 헬스케어 분야에 블록체인을 특화시켜 표준화를 진행하고 있다. ITU-T SG 17은 개인정보보호 및 보안에 대한 블록체인 표준을 만들고 있으며, ITU-T SG 13은 클라우드 컴퓨팅에 대한 표준화 작업을 하고 있다. ITU-T SG 16은 전자지갑에 대한 표준화 작업을, ITU-TSG 20은 블록체인 서비스에 대한 표준화 작업을 각각 추진하고 있다. 또한, 전기전자 분야의 권위 있는 IEEE는 블록체인 프레임워크에 대한 표준화 작업을 하고 있으며, 인터넷의 표준화 체계를 만드는 W3C 또한 블록체인 표준화 기구를 만들어 진행하고 있다. 이렇듯 블록체인의 핵심 기술인 합의 알고리즘의 표준화 체계는 현재 도입기 단계를 지나고 있다.

[표 1]

개발기구	표준	비고
ISO TC 307	ISO 22739 Terminology ISO 23257 Reference architecture TR 23258 Taxonomy and ontology TR Discovery issues related to interoperability	WG01: Foundation
ISO TC 215	NP 22228 Healthcare applications of Blockchain technology	
ITU-T SG 17	X.dltsec Privacy and security considerations for using DLT data in identity management X.sct-dlt Security capabilities and threats of DLT	Q14 Security aspests for DLT
ITU-T SG 13	Y.NGNe-BC-reqts Scenarios and capability requirements of blockchain in next generation network evolution Y.BaaS-reqts Cloud computing Functional requirements for blockchain as a service	
ITU-T SG 16	F.DLS Requirements and capabilities of decentralized ledger services	
ITU-T SG 20	Y.I T-BoT-fw Framework of blockchain of things as decentralized service platform	
IEEE	Standard for the framework of blockchain use in Internet of Things	Blockchain WG
W3C	Verifiable claims use cases	

9.5. 기타 합의 알고리즘 표준화

기타 합의 알고리즘 표준화 기술에는 균형작업증명, 지연작업증명, 이중위임지분증명, 하이퍼 위임지분증명, 포크능력증명, 트레이딩증명, 소각증명, 두뇌증명, 중요도증명, 권 위증명 등이 있으며, [표 2]에 주요 내용을 정리하였다.

[표 2]

합의 알고리즘	주요 내용
균형작업증명	균형작업증명(equilibrium Proof of Work: ePoW)은 이미 사용 중인 네트워크에 다른 참여자가 기회를 가지도록 Lyra2Rev2 ASICresistent 알고리즘을 구성하여 다르게 사용되는 불필요한 에너지의 낭비를 제거하는 문제점을 극복한 합의 알고리즘이다. 이것은 균형작업 알고리즘이라고 부르며 노드 수를 감소시켰다.
지연작업증명	지연작업증명(Delayed Proof of Work: DPoW) 합의 알고리즘은 모든 시스템에 장애가 발생할 수 있다는 대전제 하에 시스템이 Fail-Over가 되었을 때 전체 시스템 해킹이 이루어졌을 경우를 대비하여 Take -Over되는 전체 복구 가능한 합의 알고리즘을 가지고 있는 특징이 있다. 그리고 전체 노드 수를 대상으로 검증한다.

이중위임지분증명	이중위임지분증명(Dual Delegated Proof of Stake: DDPoS)은 기존의 DPOS에 비해 다양한 보안성 및 가용성을 가지고 개인정보보호를 위해 검증 단계 및 지분위임을 2중으로 극복한 알고리즘이다. 대표자 선출에 대한 검증은 향후 극복해야 할 과제이다. 이러한 이중 위임을 통해 담합의 공격을 현저히 줄이는 성과를 가져간다. 이러한 합의 과정을 위해 노드의 수를 최소화시킨다.
하이퍼 위임지분증명	하이퍼 위임지분증명(Hyper-DPoS)은 기존의 위임지분증명(DPoS) 방식을 기반으로 만든다. 정해진 시간안에 많은 합의를 이루고 응답할 수 있는 노드에 빠르게 반응하며 이렇게 반응을 통한 노드들만이 과정에 탑재하여 응답하는 합의 알고리즘이다.
포크능력증명	포크능력증명(Proof of Forkability: PoF)은 이미 정해진 수의 선출된 검증자들이 투표를 통해 3분의 2 이상 찬성으로 의사결정을 하는 합의 알고리즘이다.
트레이딩증명	트레이딩증명(Proof of Trading: PoT)은 많은 거래소에서의 참여율에 따라서 각각의 참여하는 노드들에게 피드백하는, 트레이딩 채굴에서 사용하고 보상을 주고 합의하는 권한을 부여하는 합의 알고리즘이다.
소각증명	소각증명(Proof of Burn: PoB)은 사용자들의 랜덤한 선정과정을 통해 채굴에 대한 우선권을 가지게 하는 특징을 가지고 있다. 이렇게 우선권을 가지게 되는 채굴자들은 필요한 만큼의 소각 과정을 거치면서 합의를 하는 과정을 가진다.
두뇌증명	두뇌증명(Proof of Brain: PoB)은 최초의 발행을 위해 채굴 및 지분 소유자에게 위임을 하지 않고 인공지능 알고리즘을 이용하여 모든 활동을 사용하여 프로슈머를 내세워 합의하는 합의 알고리즘이다.
중요도증명	중요도증명(Proof of Importance: PoI)은 블록체인의 프로젝트에서 많은 참여자에 의해 더 많은 지분 참여의 형태를 가지는 거래를 위해 더 많은 거래를 하게 하는 방식을 채택하여 이익을 주는 합의 알고리즘이다.
권위증명	권위증명(Proof of Authority: PoA) 방식은 최종적인 합의를 할 수 있게 권위 있는 기관의 조건에 맞는 노드를 증명해 이들 간의 합의를 이루는 방식이다. DBS 권한을 이용하는 방식을 채택하고 있다.

연습문제

1. 작업증명 계열 (PoW 계열) 알고리즘에 대하여 논하시오.

2. 작업증명의 합의 계열 (PoS 계열) 알고리즘에 대하여 논하시오.

3. 지분증명 계열 (DPoS 계열) 알고리즘에 대하여 논하시오.

4. 합의 알고리즘 표준화에 대하여 설명하시오.

PART 02 — 중급내용

블록체인의 기본 구현

10. 블록체인 소스코드 예시

10.1. 블록체인 소스코드 예시

블록체인 시스템은 다양한 산업군 특히 금융 분야, 제조업 분야, 인증 분야, 과학기술 분야 등에 모두 적용이 가능하고, 이러한 소스코드를 위해서 기본적인 소스코드를 이용하여 만들어 갈 수 있다. 이에 대한 예시를 따라 해보도록 하겠다[그림. 26].

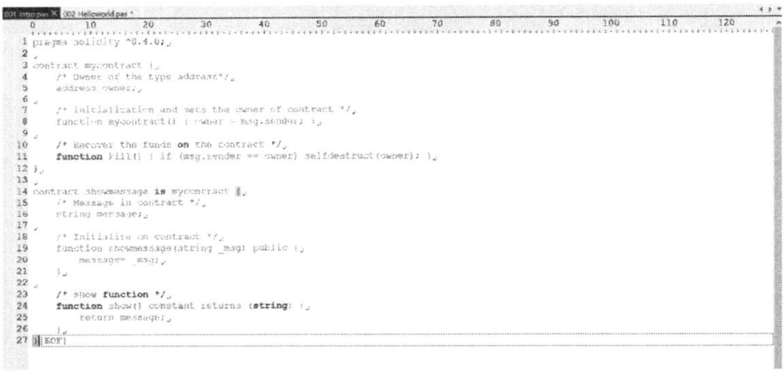

[그림. 26] Solidity를 이용한 예시

```
pragma solidity ^0.4.0;
contract mycontract {
    /* Owner of the type address*/
    address owner;
    /* initialization and sets the owner of contract */
    function mycontract() { owner = msg.sender; }
    /* Recover the funds on the contract */
    function kill() { if(msg.sender == owner) selfdestruct(owner); }
}
contract showmessage is mycontract {
    /* Message in contract */
```

```
string message;

/* Initialise on contract */
function showmessage(string _msg) public {
    message= _msg;
}
/* show function */
function show() constant returns(string) {
    return message;
}
```

대부분의 객체지향 언어에서처럼 이 계약을 만들 때 인스턴스가 생성되고 인스턴스에 주소가 부여된다. 정확히 말하면, JavaScriptVM 내에서 실행되는 가상 Ethereum 네트워크에 배치되고 Ethereum 주소가 할당된다. 배포할 화면 오른쪽에서 "Genesis Block"을 생성한다[그림. 27].

[그림. 27] Solidity를 "Hello world" 이용한 예시

그리고 Solidity를 이용하여 여러 가지 함수를 이용하여 리턴되는 "Hello World"를 생성해 보도록 하겠다.

```
var browser_hello_sol_mycontractContract =
web3.eth.contract([{"constant":false,"inputs":[],"name":"kill","outputs
":[],

"payable":false,"type":"function"},{"inputs":[],"payable":false,"type":
"constructor"}]);
var browser_hello_sol_mycontract =
browser_hello_sol_mycontractContract.new(
   {
     from: web3.eth.accounts[0],
     data: '0x606060405234....de13a65c0029',
     gas: '4700000'
   }, function (e, contract){
    console.log(e, contract);
    if (typeof contract.address !== 'undefined') {
         console.log('Contract mined! address: ' + contract.address + '
transactionHash: ' + contract.transactionHash);
    }
 })

var _msg = "Hello World" ;
var browser_hello_sol_showmessageContract =
web3.eth.contract([{"constant":false,"inputs":[],"name":"kill","outputs
":[],

"payable":false,"type":"function"},{"constant":true,"inputs":[],"name":
"show","outputs":[{"name":"","type":"string"}],

"payable":false,"type":"function"},{"inputs":[{"name":"_msg","type":"st
ring"}],"payable":false,"type":"constructor"}]);
var browser_hello_sol_showmessage =
browser_hello_sol_showmessageContract.new(
   _msg,
   {
     from: web3.eth.accounts[0],
     data: '0x606060405234156100....13970029',
     gas: '4700000'
   }, function (e, contract){
    console.log(e, contract);
    if (typeof contract.address !== 'undefined') {
         console.log('Contract mined! address: ' + contract.address + '
```

```
transactionHash: ' + contract.transactionHash);
    }
 })
```

10.2. Java 기반 예시

블록체인 시스템은 현재 Java, 파이썬, Swift등의 다양한 언어로 구현되고 있는 언어이다. 따라서 어떠한 프로그래밍 언어를 사용하는 것이 중요한 것이 아니고 많은 오픈소스를 기반으로 하여 만든 프로그램을 이용하여 좋은 프로그램을 만드는데 중요한 요소로 자리 잡고 있다. 기존의 웹, 모바일 기반의 프로그램 방식 중 가장 보편적으로 사용하고 있는 Java 기반의 프로그램의 오픈소스를 기반으로 이루어지는 방식의 예제를 보여준다[그림. 28].

1) Block.java

[그림. 28] Java 기반 메인페이지인 Block.java

```
package com.techprimers.blockchain;
import java.util.List;
public class Block {
    private int previousHash;
    private List<Transaction> transactions;
    public Block(int previousHash, List<Transaction> transactions) {
        this.previousHash = previousHash;
        this.transactions = transactions;
    }
    public int getPreviousHash() {
        return previousHash;
    }
    public void setPreviousHash(int previousHash) {
        this.previousHash = previousHash;
    }
    public List<Transaction> getTransactions() {
        return transactions;
    }
    public void setTransactions(List<Transaction> transactions) {
        this.transactions = transactions;
    }
    @Override
    public boolean equals(Object o) {
        if(this == o) return true;
        if(o == null || getClass() != o.getClass()) return false;
        Block block =(Block) o;
        if(previousHash != block.previousHash) return false;

        return  transactions  !=  null  ?  transactions.equals(block.
transactions) : block.transactions == null;
    }
    @Override
    public int hashCode() {
        int result = previousHash;
       result = 31 * result +(transactions != null ? transactions.hashCode()
: 0);
        return result;
    }
}
```

2) BlockChainExample.java [그림. 29].

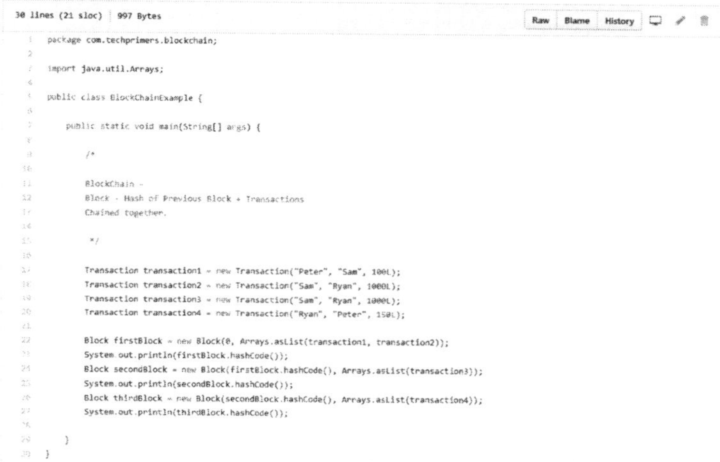
30 lines (21 sloc) | 997 Bytes

Raw Blame History

```
package com.techprimers.blockchain;

import java.util.Arrays;

public class BlockChainExample {

    public static void main(String[] args) {

        /*

        BlockChain -
        Block - Hash of Previous Block + Transactions
        Chained together.

         */

        Transaction transaction1 = new Transaction("Peter", "Sam", 100L);
        Transaction transaction2 = new Transaction("Sam", "Ryan", 1000L);
        Transaction transaction3 = new Transaction("Sam", "Ryan", 1000L);
        Transaction transaction4 = new Transaction("Ryan", "Peter", 150L);

        Block firstBlock = new Block(0, Arrays.asList(transaction1, transaction2));
        System.out.println(firstBlock.hashCode());
        Block secondBlock = new Block(firstBlock.hashCode(), Arrays.asList(transaction3));
        System.out.println(secondBlock.hashCode());
        Block thirdBlock = new Block(secondBlock.hashCode(), Arrays.asList(transaction4));
        System.out.println(thirdBlock.hashCode());

    }
}
```

[그림. 29] Java 기반 서브페이지인 BlockChainExample.java

```
package com.techprimers.blockchain;
import java.util.Arrays;
public class BlockChainExample {
    public static void main(String[] args) {
        /*
        BlockChain -
        Block - Hash of Previous Block + Transactions
        Chained together.
         */
        Transaction transaction1 = new Transaction("Peter", "Sam", 100L);
        Transaction transaction2 = new Transaction("Sam", "Ryan", 1000L);
        Transaction transaction3 = new Transaction("Sam", "Ryan", 1000L);
        Transaction transaction4 = new Transaction("Ryan", "Peter", 150L);
        Block firstBlock = new Block(0, Arrays.asList(transaction1,
transaction2));
        System.out.println(firstBlock.hashCode());
        Block secondBlock = new Block(firstBlock.hashCode(),
Arrays.asList(transaction3));
```

```
            System.out.println(secondBlock.hashCode());
            Block    thirdBlock    =    new    Block(secondBlock.hashCode(),
Arrays.asList(transaction4));
            System.out.println(thirdBlock.hashCode());
        }
    }
```

3) Transaction.java [그림. 30].

59 lines (46 sloc) | 1.62 KB   Raw Blame History

```
package com.techprimers.blockchain;

public class Transaction {

    private String sourceName;
    private String destinationName;
    private Long sum;

    public String getSourceName() {
        return sourceName;
    }

    public void setSourceName(String sourceName) {
        this.sourceName = sourceName;
    }

    public String getDestinationName() {
        return destinationName;
    }

    public void setDestinationName(String destinationName) {
        this.destinationName = destinationName;
    }

    public Long getSum() {
        return sum;
    }

    public void setSum(Long sum) {
        this.sum = sum;
    }

    public Transaction(String sourceName, String destinationName, Long sum) {
        this.sourceName = sourceName;
        this.destinationName = destinationName;
        this.sum = sum;
    }

    @Override
    public boolean equals(Object o) {
        if (this == o) return true;
        if (o == null || getClass() != o.getClass()) return false;

        Transaction that = (Transaction) o;

        if (sourceName != null ? !sourceName.equals(that.sourceName) : that.sourceName != null) return false;
        if (destinationName != null ? !destinationName.equals(that.destinationName) : that.destinationName != null)
            return false;
        return sum != null ? sum.equals(that.sum) : that.sum == null;
    }

    @Override
    public int hashCode() {
        int result = sourceName != null ? sourceName.hashCode() : 0;
        result = 31 * result + (destinationName != null ? destinationName.hashCode() : 0);
        result = 31 * result + (sum != null ? sum.hashCode() : 0);
        return result;
    }
}
```

[그림. 30] Java 기반 서브페이지인 Transaction.java

```
package com.techprimers.blockchain;
public class Transaction {
    private String sourceName;
    private String destinationName;
    private Long sum;
    public String getSourceName() {
        return sourceName;
    }
    public void setSourceName(String sourceName) {
        this.sourceName = sourceName;
    }
    public String getDestinationName() {
        return destinationName;
    }
    public void setDestinationName(String destinationName) {
        this.destinationName = destinationName;
    }
    public Long getSum() {
        return sum;
    }
    public void setSum(Long sum) {
        this.sum = sum;
    }
    public Transaction(String sourceName, String destinationName, Long
sum) {
        this.sourceName = sourceName;
        this.destinationName = destinationName;
        this.sum = sum;
    }
    @Override
    public boolean equals(Object o) {
        if(this == o) return true;
        if(o == null || getClass() != o.getClass()) return false;
        Transaction that =(Transaction) o;
        if(sourceName != null ? !sourceName.equals(that.sourceName) :
that.sourceName != null) return false;
        if(destinationName != null ?
!destinationName.equals(that.destinationName) : that.destinationName !=
null)
            return false;
```

```
            return sum != null ? sum.equals(that.sum) : that.sum == null;
        }
        @Override
        public int hashCode() {
            int result = sourceName != null ? sourceName.hashCode() : 0;
            result    =    31    *    result    +(destinationName    !=    null    ?
destinationName.hashCode() : 0);
            result = 31 * result +(sum != null ? sum.hashCode() : 0);
            return result;
        }
    }
```

11. 블록체인 환경 구성

11.1. Blockchain Guideline

1) 개요와 목적: 블록체인 플랫폼은 크게 테스트넷과 메인넷의 진행을 보이며, 이것은 기존의 알파테스트와 베타테스트로 나누는 것과 같은 것이다. 그리고 보상을 위한 합의 알고리즘을 바탕으로 토큰을 구성하는 것도 매우 중요한 일이다.

2) 개발 환경 구성

- IDE & OS : Visual Studio 2019 Community, Windows 10
- Framework : MS .NET Framework 4.7, .NET Core 2.0
  ※ Linux 또는 maxOS 에서 개발하는 경우 .NET Core SDK 별도 설치 필요
- 지원 플랫폼 : CentOS 7, maxOS 10 이상, Red Hat Enterprise Linux 7.0 이상, Ubuntu 14.04 이상, Windows 7 이상, Windows Server 2008 R2 이상
- Data : AWS Cloud

3) 필수 구성 요소

- LevelDB: Linux, macOS 개발 환경에서는 별도 패키지 설치 필요
- SQLite3 dev : Linux 개발 환경의 경우 별도 패키지

설치 필요

– Windows 개발 환경의 경우 https://github.com/erikzhang/leveldb 에서 소스 복제 후 컴파일 하여 library를 사용

4) 테스트 환경 구성

– Config.json 구성요소 [그림. 31].

```
{
  "ApplicationConfiguration": {
    "Paths": {
      "Chain": "Chain_{0}",
      "Index": "Index_{0}"
    },
    "P2P": {
      "Port": 10333,
      "WsPort": 10334
    },
    "RPC": {
      "BindAddress": "127.0.0.1",
      "Port": 10332,
      "SslCert": "",
      "SslCertPassword": ""
    },
    "UnlockWallet": {
      "Path": "wallet.json",
      "Password": "11111111",
      "StartConsensus": false,
      "IsActive": true
    }
  }
}
```

[그림. 31] Path Code 예시

→ Paths

Chain : Block Data 저장소의 Path

Index : Wallet Data 저장소의 Path

→ P2P

Port : TCP를 통한 P2P Port

WsPort : WebSocket을 통한 P2P Port

→ RPC

BindAddress : JsonRPC Server 연결 할 IP(자신의 IP)

Port : HTTP를 통한 Json RPC Port

SslCert : HTTP를 사용할 시 인증서 Path

SslCertPassword : HTTP를 사용할 시 인증서 비밀번호

→ UnlockWallet

Path : 실행 시 시작 할 Wallet Path

Password : 실행 시 시작 할 Wallet 비밀번호

StartConsensus : 실행 시 Consensus 실행 여부

IsActive : 실행 시 자동 Wallet Open 여부

– Protocol.json 구성요소 [그림. 32].

```
{
  "ProtocolConfiguration": {
    "Magic": 1840412,
    "AddressVersion": 23,
    "SecondsPerBlock": 5,
    "LowPriorityThreshold": 0.001,
    "StandbyValidators": [

"03d08d6f766b54e35745bc99d643c939ec6f3d37004f2a59
006be0e53610f0be25"
    ],
    "SeedList": [
      "127.0.0.1:10003"
    ],
    "SystemFee": {
      "EnrollmentTransaction": 1000,
      "IssueTransaction": 500,
      "PublishTransaction": 500,
      "RegisterTransaction": 10000
    }
  }
}
```

[그림. 32] Protocol Code 예시

→ Protocol Configuration

Magic : 개인 체인 ID [0~4294967295] 범위의 정수를 입력

SecondsPerBlock : 블록 생성 시간 간격(초)
StandbyValidators : 사전 등록된 검증 노드의 Public Key 목록
SeedList : 시드 노드의 주소 목록
SystemFee : 블록체인 운영과 관련된 Transaction들의 수수료

- Solo Mode Chain 설정

① BlockPlatform.CLI.dll 을 실행

② Wallet을 생성

③ 생성한 Wallet의 PublicKey 복수 후 GobPlatform.CLI.dll 실행을 종료

④ Protocol.json의 StandbyValidators에 복사한 PublicKey를 추가

⑤ COnfig.json의 UnlockWallet의 Path, Password를 생성한 Wallet의 Path, Password로 수정하고, StartConsensus, IsActive를 true로 설정

⑥ BlockPlatform.CLI.dll을 실행 시 생성된 Data Folder (Chain_xxx, Index_xxx)를 삭제

⑦ BlockPlatform.CLI.dll을 실행

- Multi Mode Chain 설정

① BlockPlatform.CLI.dll 이 컴파일 된 실행 Folder를 최소 4개 또는 그 이상 복제

② BlockPlatform.CLI.dll 을 실행하여 Wallet을 복제한 실행 폴더 개수만큼 생성 후 생성된 PublicKey를 protocol.json의 StandbyValidators에 추가

③ 실행 폴더에 있는 Config.json의 각 Port가 중복되지 않도록 수정

④ 생성한 Wallet을 복제한 실행 폴더에 각각 배분 이동

⑤ 만일 실행 폴더 내에 Data Folder(Chain_xxx, Index_xxx)가 존재한다면 모두 삭제

⑥ 각 실행 폴더에 있는 Config.json의 UnlockWallet을 Solo Mode처럼 수정

⑦ 각 실행 폴더의 GobPlatform.CLI.dll을 실행

– Token 발행

① Protocol.json에 등록한 StandbyValidators에 등록된 PublicKey로 지갑이 오픈된 노드들을 준비

② 준비된 노드들을 실행한 후 StandbyValidators에 등록된 PublicKey로 최소 서명 수를 입력하여 다중 서명 주소(Multisig–address)를 생성

③ 지갑 재구성(rebuild–index)을 실행하면 Multisig–address에 Token이 발행.

※ 해당 Token은 서명이 되어있지 않아 사용이 불가능.

④ ②~③의 과정을 StandbyValidators의 모든 노드에서 반복 실행

⑤ Multisig-address에 발행된 Token을 전송하면 미서명 Transaction 의 결과가 나타난다.

⑥ 해당 미 서명 Transaction Data에 서명하고, 만일 최소 서명수를 만족하지 못한다면 최소 서명 수를 만족할 때까지 노드를 변경해가면서 서명을 하여야 한다.

⑦ 최소 서명 수를 만족하여 Transaction의 검증이 완료되면 해당 서명이 완료된 Transaction Data를 전파(Broadcast)

⑧ ⑤에서 실행한 Token 전송 결과를 확인

11.2. 모바일 지갑 가이드라인 (Mobile Wallet Guideline)

1) 개요와 목적: Block Wallet 서비스는 사용자가 복잡하고 어려운 Block 플랫폼의 명령어 대신 편의를 위한 UI/UX적 관점에서 서비스에 접근하도록 하고 모바일 서비스의 해킹으로부터 안전한 코인 관리시스템을 구축하는데 목표를 두고자 한다.

목표에 대한 전략으로 사용 및 관리의 편의성, 그리고 보안성을 충족하기 위해 접근이 쉽고 보편적 사용 편의가 뛰어난 모바일 운영 플랫폼을 타겟으로 하였고 사용자의 계정과 플랫폼 계정을 연동하는 별도의 서버를 통해 Block 플랫폼의 코인 계정 및 서비스의 직접 접근을 차단하도록 하였다.

2) 개발 환경 구성

- IDE & OS : Visual Studio 2019 Community, Windows 10
- Framework : .NET Standard 2.0.3
- Assembly : GobPlatform, GobPlatform.VM
- Nuget Package :

→ Akka(1.3.14)
→ Microsoft.AspNetCore.Hosting.Abstractions(2.2.0)
→ Microsoft.AspNetCore.Http.Abstractions(2.2.0)
→ Microsoft.AspNetCore.ResponseCompression(2.2.0)
→ Microsoft.AspNetCore.Server.Kestrel(2.2.0)
→ Microsoft.AspNetCore.Server.Kestrel.Https(2.2.0)
→ Microsoft.AspNetCore.WebSockets(2.2.1)
→ Microsoft.Data.Sqlite(2.2.6)
→ Microsoft.EntityFrameworkCore(2.2.6)
→ Microsoft.EntityFrameworkCore.Sqlite(2.2.6)
→ Microsoft.Extensions.Configuration.Abstractions(2.2.0)
→ Microsoft.Extensions.Configuration.Json(2.2.0)
→ Newtonsoft.Json(12.0.2)
→ Prism.Dryloc.Forms(7.2.0.1367)
→ Xamarin.Essentials(1.2.0)
→ Xamarin.Forms(4.1.0.673156)

3) 프로젝트 구성

- 프로젝트 모델
- 프로젝트 명세

① BlockWalletMBase : Mobile Wallet을 구현하는데 재사용성을 위한 공통 기능을 서비스하는 프로젝트

→구조

a. Converter : Value의 변경이 필요할 때 구현할 Interface

b. Modde : HTTP 통신에 사용될 공통 Json Data Class

c. Service : Business에 대한 Abstarct Class

d. Wallet : Wallet에서 사용될 Class(GOBPlatform의 Wallet과 동일)

→상세 설명 : 주석 및 소스 참조

② GOBWalletM: BlockWalletMBase, BlockPlatform과 Prism을 기반으로 한 Mobile Wallet을 구현한 프로젝트

→ 구조

a. Model : 계층 간 Data 교환을 위한 Object

b. Service : Business 계층에 해당하며 통신을 처리

c. ViewModels : Model과 View 사이에 Binding 및 Data 처리

d. Views : 화면을 처리

→상세 설명 : 주석 및 소스 참조

4) 테스트

- RPC API 직접 통신 테스트

Sample Source 참조 : WalletTestPage.xaml, Wallet

TesetPageViewModel.cs

– Wallet 생성 및 파일 저장 테스트

Sample Source 참조 : TestPage.xaml, TestPageView Model.cs

5) 기타 참고 사항

a. 디자인 Resource 및 전반적인 기획이 확정된 것이 없는 관계로 Mainnet RPC를 기준으로 하여 필요할 만한 기능들에 대해서만 Business를 구현하였다. 향후 Load Map 을 비롯하여 디자인, Target 서비스, Killing Point 서비스, 서비스 운영 전략 등이 정립되면 요구사항에 맞게 Business 변경 및 System Architecture 변경이 필요하다.

b. Mainnet RPC를 기준으로 하였으므로 로컬 PC에 Mainnet을 올려 직접 통신하는 방법을 통해 개발 및 테스트를 진행하였다. 추후 프로젝트 진행에 있어서 Web 서버 API를 통한 개발로 전환 될 필요성이 있다.

11.3. Configuration Code

1) address(Option) : 청구된 GAS를 보낼 주소 [그림. 33, 34].

```
{
  "jsonrpc": "2.0",
  "method": "ChargePoint",
  "params": [],
  "id": 1
}
```

[그림. 33] address(Option) Requestbody

```
{
    "jsonrpc": "2.0",
    "id": 1,
    "result": {
        "txid": "0xa6d16b98dbd4b2d140bd8316f595de3c6770456454d5aa48e1d3dbe11c1acd3e",
        "size": 543,
        "type": "ClaimTransaction",
        "version": 0,
        "attributes": [],
        "vin": [],
        "vout": [
            {
                "n": 0,
                "asset": "0x602c79718b16e442de58778e148d0b1084e3b2dffd5de6b7b16cee7969282de7",
                "value": "0.499384",
                "address": "AH2TGXkKgiWm4xMQzVT5R9zV1yxwVXNAPT"
            }
        ],
        "sys_fee": "0",
        "net_fee": "0",
        "scripts": [
            {
                "invocation":
"4000b71a53738761ec03d9cd5d85fc8ea2acf42cda076e7a5f690adb897b2ee8ed018a0000494d6ee047cd
a0c934fe1a84aec171f66eedf8309d6a9a",
                "verification": "2102bac395577bf47e7dd6058b7dfc38d2b351966ac03ea84ba7bca410e8a8ade
            },
            {
                "invocation":
"4086cdf2622d901110f2c04e646f8e78f4c995f3be399bbe5d2d4ac81918fd4a5d5c39a7df60f827c00de1f19
3541c52b88bed54ba1b9a448548b0e5d",
                "verification": "2103991949671a85ba5eb09a982c94e0d205b81c94f958109895b4ebafa747caa
            }
        ],
        "claims": [
            {
                "txid": "0xe1e44f41a1f0854063ccdc9beb7537fc40565575e0ae2366b4a93a73c18b6166",
                "vout": 2
            },
            {
                "txid": "0x69fd452c92fb0e5861b27588549a8e55d3f9fee542884ae317600508bbacedbb",
                "vout": 2
            },
            {
                "txid": "0x152d823d5cf1ce58cf33879e23309dc83152cfb8c50ba05cc03c090dcd00198e",
                "vout": 0
            },
            {
                "txid": "0x152d823d5cf1ce58cf33879e23309dc83152cfb8c50ba05cc03c090dcd00198e",
                "vout": 1
            },
```

```
      {
        "txid": "0xe1e44f41a1f0854063ccdc9beb7537fc40565575e0ae2366b4a93a73c18b6166",
        "vout": 0
      },
      {
        "txid": "0xe1e44f41a1f0854063ccdc9beb7537fc40565575e0ae2366b4a93a73c18b6166",
        "vout": 1
      },
      {
        "txid": "0x668e9be5185e1cfa1efb08b673062038ce04ebc9db41f75dc74d6faacbaf71ea",
        "vout": 0
      },
      {
        "txid": "0x668e9be5185e1cfa1efb08b673062038ce04ebc9db41f75dc74d6faacbaf71ea",
        "vout": 1
      }
    ]
  }
}
```


[그림. 34] address(Option) Responsebody

2) address : private key의 address 주소 [그림. 35, 36]


```
{
  "jsonrpc": "2.0",
  "method": "ExportPrivKey",
  "params": ["ASMGHQPzZqxFB2yKmzvfv82jtKVnjhp1ES"],
  "id": 1
}
```


[그림. 35] address Requestbody


```
{
  "jsonrpc": "2.0",
  "id": 1,
  "result": "L3FdgAisCmV******************************9XM65cvjYQ1"
}
```


[그림. 36] address Responsebody

3) Account Address : 34비트 길이 문자열 [그림. 37, 38]

```
{
  "jsonrpc": "2.0",
  "method": "GetAccStt",
  "params": ["AJBENSwajTzQtwyJFkiJSv7MAaaMc7DsRz"],
  "id": 1
}
```

[그림. 37] Account Address Requestbody

```
{
    "jsonrpc": "2.0",
    "id": 1,
    "result": {
        "version": 0,
        "script_hash": "0x1179716da2e9523d153a35fb3ad10c561b1e5b1a",
        "frozen": false,
        "votes": [],
        "balances": [
            {
                "asset": "0xc56f33fc6ecfcd0c225c4ab356fee59390af8560be0e930faebe74a6daff7c9b",
                "value": "94"
            }
        ]
    }
}
```

[그림. 38] Account Address Responsebody

4) Asset_id : 자산 ID, 자산 등록시 Transaction ID [그림. 39, 40]

```
{
  "jsonrpc": "2.0",
  "method": "GetAstStt",
  "params":
["c56f33fc6ecfcd0c225c4ab356fee59390af8560be0e930faebe74a6
daff7c9b"],
  "id": 1
}
```

[그림. 39] Asset_id Requestbody

```
{
    "jsonrpc": "2.0",
    "id": 1,
    "result": {
        "version": 0,
        "id": "c56f33fc6ecfcd0c225c4ab356fee59390af8560be0e930faebe74a6daff7c9b",
        "type": "SystemShare",
        "name": [
            {
                "lang": "zh-CN",
                "name": "GOB"
            },
            {
                "lang": "en",
                "name": "GOB"
            }
        ],
        "amount": "100000000",
        "available": "100000000",
        "precision": 0,
        "owner": "00",
        "admin": "Abf2qMs1pzQb8kYk9RuxtUb9jtRKJVuBJt",
        "issuer": "Abf2qMs1pzQb8kYk9RuxtUb9jtRKJVuBJt",
        "expiration": 2000000,
        "frozen": false
    }
}
```


[그림. 40] Asset_id Responsebody

5) Asset_id_ex : 자산 ID [그림. 41, 42].


```
{
  "jsonrpc": "2.0",
  "method": "GetBalance",
  "params":
["025d82f7b00a9ff1cfe709abe3c4741a105d067178e645bc3ebad9
bc79af47d4"],
  "id": 1
}
```


[그림. 41] Asset_id_ex Requestbody

```
{
  "jsonrpc": "2.0",
  "id": 1,
  "result": {
  "balance": "1.01",
  "confirmed": "1.01"
  }
}
```

[그림. 42] Asset_id_ex Responsebody

6) Body_id : 자산 ID [그림. 43, 44].

```
{
  "jsonrpc": "2.0",
  "method": "GetHighestBlockHash",
  "params":[],
  "id": 1
}
```

[그림. 43] Body_id Requestbody

```
{
  "jsonrpc": "2.0",
  "id": 1,
  "result": "0x773dd2dae4a9c9275290f89b56e67d7363ea4826dfd4fc13cc01cf73a44b0d0e"
}
```

[그림. 44] Body_id Responsebody

7) hash : block hash value [그림. 45, 46].

```
{
  "jsonrpc": "2.0",
  "method": "GetBlock",
  "params":
["773dd2dae4a9c9275290f89b56e67d7363ea4826dfd4fc13cc01cf
73a44b0d0e"],
  "id": 1
}
```

[그림. 45] hash Requestbody

```
{
  "jsonrpc": "2.0",
  "id": 1,
  "result":
"000000002deadfa82cbc4682f5800ec72a8d8bd6afa469af5b2de83a51d28795a893222816f8081bf1054136cca420f807f844a
958b2dea482dfc99d2538ef9c77d13320f9263659d4220f00878f40bd841c552a59e75d652b5d3827bf04c165bbe9ef95cca4bf
5501fd450140b514d8562ad3badac0e097a502a43c58e23c75029dad8ccdb3b1ce221067d73d5612950e38c7565d6b166ef62
894399a6f152c38a1bdb8c7d3715f75f20c1c7340e443f55108c5eefd99f954e06b21e97a4f0cf64dbd4e52426c27f7046cd880d6
a7b1a507131c39afa48b9cac16411d6f84ec2f0b5d9977e5f1e3ce760a127b31409b8a52714b37a3b0970a19b4fb2669d2aa41
ea85e05e68dfb03a197d505282dd53846ca58b1457504c65759a9ceb8f84f5148dec71727e9c743e986092728174401862c086
11338be8e352b9110b2bb6d11ce0485286d857162deb417f1cb920d6727f8e6edbe1b7fce8d9b122523d5b45cfd02ab1ca002
a58e28c8903ad764a84409dfcbda69cef1164936212e8e5d91965c8a976dc8dbcb5ea7d2f2d2f0105dadb902924559fede016a
1f76a2c7ab0ff89a6446b0c19c88375906c8b9eccb61bc1f1552102486fd15702c4490a26703112a5cc1d0923fd697a33406bd5a
1c00e0013b09a7021024c7b7fb6c310fccf1ba33b082519d82964ea93868d67666
2d4a59ad548df0e7d2102aaec38470f6aad0042c6e877cfd8087d2676b0f516fddd362801b9bd3936399e2103b209fd4f53a71
70ea4444e0cb0a6bb6a53c2bd016926989cf85f9b0fba17a70c2103b8d9d5771d8f513aa0869b9cc8d50986403b78c6da36890
638c3d46a5adce04a2102ca0e27697b9c248f6f16e085fd0061e26f44da85b58ee835c110caa5ec3ba5542102df48f60e8f3e01c
48ff40b9b7f1310d7a8b2a193188befe1c2e3df740e89509357ae010000878f40bd00000000"
}
```

[그림. 46] hash Responsebody

8) verbose : default = 0 [그림. 47,.48].

```
{
  "jsonrpc": "2.0",
  "method": "GetBlock",
  "params":
["773dd2dae4a9c9275290f89b56e67d7363ea4826dfd4fc13cc01cf
73a44b0d0e"],
  "id": 1
}
```

[그림. 47] verbose Requestbody

```
{
  "jsonrpc": "2.0",
  "id": 1,
  "result": {
    "hash": "0x773dd2dae4a9c9275290f89b56e67d7363ea4826dfd4fc13cc01cf73a44b0d0e",
    "size": 686,
    "version": 0,
    "previousblockhash": "0x282293a89587d2513ae82d5baf69a4afd68b8d2ac70e80f58246bc2ca8dfea2d",
    "merkleroot": "0x2033d1779cef38259dc9df82a4deb258a944f807f820a4cc364105f11b08f816",
    "time": 1496721145,
    "index": 991956,
    "nonce": "2a551c84bd408f87",
    "nextconsensus": "APyEx5f4Zm4oCHwFWiSTaph1fPBxZacYVR",
    "script": {
      "invocation":
```

```
{
  "jsonrpc": "2.0",
  "id": 1,
  "result": {
    "hash": "0x773dd2dae4a9c9275290f89b56e67d7363ea4826dfd4fc13cc01cf73a44b0d0e",
    "size": 686,
    "version": 0,
    "previousblockhash": "0x282293a89587d2513ae82d5baf69a4afd68b8d2ac70e80f58246bc2ca8dfea2d",
    "merkleroot": "0x2033d1779cef38259dc9df82a4deb258a944f807f820a4cc364105f11b08f816",
    "time": 1496721145,
    "index": 991956,
    "nonce": "2a551c84bd408f87",
    "nextconsensus": "APyEx5f4Zm4oCHwFWiSTaph1fPBxZacYVR",
    "script": {
      "invocation":
"40b514d8562ad3badac0e097a502a43c58e23c75029dad8ccdb3b1ce221067d73d5612950e38c7565d6b166ef62894399
a6f152c38a1bdb8c7d3715f75f20c1c7340e443f55108c5eefd99f954e06b21e97a4f0cf64dbd4e52426c27f7046cd880d6a7b
1a507131c39afa48b9cac16411d6f84ec2f0b5d9977e5f1e3ce760a127b31409b8a52714b37a3b0970a19b4fb2669d2aa41e
a85e05e68dfb03a197d505282dd53846ca58b1457504c65759a9ceb8f84f5148dec71727e9c743e9860927281744018 62c08
611338be8e352b9110b2bb6d11ce0485286d857162deb417f1cb920d6727f8e6edbe1b7fce8d9b122523d5b45cfd02ab1c
a002a58e28c8903ad764a84409dfcbda69cef1164936212e8e5d91965c8a976dc8dbcb5ea7d2f2d2f0105dadb902924559fe
de016a1f76a2c7ab0ff89a6446b0c19c88375906c8b9eccb61bc1",
      "verification":
"552102486fd15702c4490a26703112a5cc1d0923fd697a33406bd5a1c00e0013b09a7021024c7b7fb6c310fccf1ba33b0825
19d82964ea93868d676662d4a59ad548df0e7d2102aaec38470f6aad0042c6e877cfd8087d2676b0f516fddd362801b9bd3
936399e2103b209fd4f53a7170ea4444e0cb0a6bb6a53c2bd016926989cf85f9b0fba17a70c2103b8d9d5771d8f513aa0869
b9cc8d50986403b78c6da36890638c3d46a5adce04a2102ca0e27697b9c248f6f16e085fd0061e26f44da85b58ee835c110c
aa5ec3ba5542102df48f60e8f3e01c48ff40b9b7f1310d7a8b2a193188befe1c2e3df740e89509357ae"
    },
    "tx": [
      {
        "txid": "0x2033d1779cef38259dc9df82a4deb258a944f807f820a4cc364105f11b08f816",
        "size": 10,
        "type": "MinerTransaction",
        "version": 0,
        "attributes":[],
        "vin":[],
        "vout":[],
        "sys_fee": "0",
        "net_fee": "0",
        "scripts":[],
        "nonce": 3175124871
      }
    ],
    "confirmations": 20,
    "nextblockhash": "0x0b08e2eeed05c70f27293521c47f7f60dfc29f9f299ae9909a8552a4a87db7a2"
  }
}
```


[그림. 48] verbose Responsebody

9) index : block Index(block height) [그림. 49, 50].

```
{
  "jsonrpc": "2.0",
  "method": "GetBlockHash",
  "params": [10000],
  "id": 1
}
```

[그림. 49] block Index Requestbody

```
{
  "jsonrpc": "2.0",
  "id": 1,
  "result": "0x4c1e879872344349067c3b1a30781eeb4f9040d3795db7922f513f6f9660b9b2"
}
```

[그림. 50] block IndexResponsebody

10) index_ex : block index [그림. 51, 52].

```
{
  "jsonrpc": "2.0",
  "method": "GetSysCost",
  "params": [1005434],
  "id": 1
}
```

[그림. 51] index_ex Requestbody

```
{
  "jsonrpc": "2.0",
  "id": 1,
  "result": "195500"
}
```

[그림. 52] index_ex Responsebody

11) address [그림. 53, 54].

```
{
"jsonrpc": "2.0",
"method": "GetCostForAddr",
"params": ["AGofsxAUDwt52KjaB664GYsqVAkULYvKNt"],
"id": 1
}
```

[그림. 53] address Requestbody

```
{
"jsonrpc": "2.0",
"id": 1,
"result": {
"claimable": [
{
"txid": "52ba70ef18e879785572c917795cd81422c3820b8cf44c24846a30ee7376fd77",
"n": 1,
"value": 800000,
"start_height": 476496,
"end_height": 488154,
"generated": 746.112,
"sys_fee": 3.92,
"unclaimed": 750.032
}
],
"address": "AGofsxAUDwt52KjaB664GYsqVAkULYvKNt",
"unclaimed": 750.032
}
}
```

[그림. 54] address Responsebody

12) script_hash : Contract script hash [그림. 55, 56].

```
{
  "jsonrpc": "2.0",
  "method": "GetContractStt",
  "params": ["dc675afc61a7c0f7b3d2682bf6e1d8ed865a0e5f"],
  "id": 1
}
```

[그림. 55] script_hash Requestbody

```
66b00c36c766b51527ac46c766b51c36c766b52527ac46203006c766b52c3616c756653c56b6c766b00527ac461516c766b00c36
a527a527ac46c766b51c36c766b52527ac46203006c766b52c3616c7566",
        "parameters": [
            "ByteArray"
        ],
        "returntype": "ByteArray",
        "name": "Woolong",
        "code_version": "0.9.2",
        "author": "lllwvlvwlll",
        "email": "lllwvlvwlll@gmail.com",
        "description": "GO GOB!!!",
        "properties": {
            "storage": true,
            "dynamic_invoke": false
        }
    }
}
```


[그림. 56] script_hash Responsebody

13) blocks numbers [그림. 57, 58].


```
{
"jsonrpc": "2.0",
"method": "GetBlockRangeTimestamp",
"params": [10, 460000],
"id": 1
}
```


[그림. 57] blocks numbers Requestbody


```
{
"timestamp": 1556138822,
"height": 459992
},
{
"timestamp": 1556138839,
"height": 459993
},
{
"timestamp": 1556138854,
"height": 459994
},
{
"timestamp": 1556138869,
"height": 459995
},
```

```
{
"timestamp": 1556138902,
"height": 459996
},
{
"timestamp": 1556138917,
"height": 459997
},
```

[그림. 58] blocks numbers Responsebody

14) address numbers [그림. 59, 60].

```
{
  "jsonrpc": "2.0",
  "method": "GetBalanceForAddr",
  "params": ["1aada0032aba1ef6d1f07bbd8bec1d85f5380fb3"],
  "id": 1
}
```

[그림. 59] address numbers Requestbody

```
{
  "jsonrpc": "2.0",
  "id": 1,
  "result": {
    "balance": [
      {
        "asset_hash": "a48b6e1291ba24211ad11bb90ae2a10bf1fcd5a8",
        "amount": "50000000000",
        "last_updated_block": 251604
      },
      {
        "asset_hash": "1aada0032aba1ef6d1f07bbd8bec1d85f5380fb3",
        "amount": "50000000000",
        "last_updated_block": 251600
      }
    ],
    "address": "AY6eqWjsUFCzsVELG7yG72XDukKvC34p2w"
  }
}
```

[그림. 60] address numbers Responsebody

15) no timestamp [그림. 61, 62].


```
{
  "jsonrpc": "2.0",
  "method": "GetTxForAddr",
  "params": ["AbHgdBaWEnHkCiLtDZXjhvhaAK2cwFh5pF"],
  "id": 1
}
```


[그림. 61] no timestamp Requestbody


```
{
  "jsonrpc": "2.0",
  "id": 1,
  "result": {
    "sent": [],
    "received": [
      {
        "timestamp": 1555651816,
        "asset_hash": "600c4f5200db36177e3e8a09e9f18e2fc7d12a0f",
        "transfer_address": "AYwgBNMepiv5ocGcyNT4mA8zPLTQ8pDBis",
        "amount": "1000000",
        "block_index": 436036,
        "transfer_notify_index": 0,
        "tx_hash": "df7683ece554ecfb85cf41492c5f143215dd43ef9ec61181a28f922da06aba58"
      }
    ],
    "address": "AbHgdBaWEnHkCiLtDZXjhvhaAK2cwFh5pF"
  }
}
```


[그림. 62] no timestamp Responsebody

16) start and end timestamp [그림. 63, 64].


```
{
  "jsonrpc": "2.0",
  "method": "GetTxForAddr",
  "params": ["AbHgdBaWEnHkCiLtDZXjhvhaAK2cwFh5pF"],
  "id": 1
}
```


[그림. 63] start and end timestamp Requestbody

```
66b00c36c766b51527ac46c766b51c36c766b52527ac46203006c766b52c3616c756653c56b6c766b00527ac461516c766b00c36
a527a527ac46c766b51c36c766b52527ac46203006c766b52c3616c7566",
    "parameters": [
        "ByteArray"
    ],
    "returntype": "ByteArray",
    "name": "Woolong",
    "code_version": "0.9.2",
    "author": "lllwvlvwlll",
```

[그림. 64] start and end timestamp Responsebody

17) shin address [그림. 65, 66].

```
{
  "jsonrpc": "2.0",
  "method": "CreateAddr",
  "params": [],
  "id": 1
}
```

[그림. 65] sshin address Requestbody

```
{
    "jsonrpc": "2.0",
    "id": 1,
    "result": "AVHcdW3FGKbPWGHNhkPjgVgi4GGndiCxdo"
}
```

[그림. 66] sshin address Responsebody

18) new transaction [그림. 67, 68].

```
{
   "jsonrpc": "2.0",
   "method": "GetUnknownMemp",
   "params":[],
   "id": 1
}
```

[그림. 67] new transaction Requestbody

```
{
  "jsonrpc": "2.0",
  "id": 1,
  "result": [
    "0x9786cce0dddb524c40ddbdd5e31a41ed1f6b5c8a683c122f627ca4a007a7cf4e",
    "0xb488ad25eb474f89d5ca3f985cc047ca96bc7373a6d3da8c0f192722896c1cd7",
    "0xf86f6f2c08fbf766ebe59dc84bc3b8829f1053f0a01deb26bf7960d99fa86cd6"
  ]
}
```

[그림. 68] new transaction Responsebody

19) script_hash [그림. 69, 70].

```
{
  "jsonrpc": "2.0",
  "method": "GetValueForStorage",
  "params": ["03febccf81ac85e3d795bc5cbd4e84e907812aa3",
"5065746572"],
  "id": 15
}
```

[그림. 69] script_hash Requestbody

```
{
  "jsonrpc": "2.0",
  "id": 15,
  "result": "4c696e"
}
```

[그림. 70] script_hash Responsebody

20) block index [그림. 71, 72].

```
{
  "jsonrpc": "2.0",
  "method": "GetBlockIdxContianTx",
  "params":
["9c909e1e3ba03290553a68d862e002c7a21ba302e043fc492fe069b
f6a134d29"],
  "id": 1
}
```

[그림. 71] block index Requestbody

```
{
    "jsonrpc": "2.0",
    "id": 1,
    "result": 10000
}
```

[그림. 72] block index Responsebody

21) txid : Transaction ID [그림. 73, 74].

```
{
  "jsonrpc": "2.0",
  "method": "GetOutputOfTx",
  "params":
["f4250dab094c38d8265acc15c366dc508d2e14bf5699e12d9df2657
7ed74d657", 0],
  "id": 1
}
```

[그림. 73] txid : Transaction ID Requestbody

```
{
  "jsonrpc": "2.0",
  "id": 1,
  "result": {
    "N": 0,
    "Asset": "c56f33fc6ecfcd0c225c4ab356fee59390af8560be0e930faebe74a6daff7c9b",
    "Value": "2950",
    "Address": "AHCNSDkh2Xs66SzmyKGdoDKY752uyeXDrt"
  }
}
```

[그림. 74] txid : Transaction ID Responsebody

22) port : [그림. 75, 76].

```
{
  "jsonrpc": "2.0",
  "method": "GetCurrentPeers",
  "params": [],
  "id": 1
}
```

[그림. 75] port : Requestbody

```
{
   "jsonrpc": "2.0",
   "id": 1,
   "result": {
      "unconnected": [
         {
            "address": "::ffff:70.73.16.236",
            "port": 10333
         },
         {
            "address": "::ffff:82.95.77.148",
            "port": 10333
         },
         {
            "address": "::ffff:49.50.215.166",
            "port": 10333
         },
         {
            "address": "::ffff:24.5.178.244",
            "port": 10333
         }
```

[그림. 76] port : Responsebody

23) GAS [그림. 77, 78].

```
{
  "jsonrpc": "2.0",
  "method": "GetUnchargedPointForWallet",
  "params": [],
  "id": 1
}
```

[그림. 77] GAS Requestbody

```
{
    "jsonrpc": "2.0",
    "id": 1,
    "result": {
        "available": "0.140771",
        "unavailable": "0.096224"
    }
}
```


[그림. 78] GAS Responsebody

24) GAS value exchange [그림. 79, 80].


```
{
  "jsonrpc": "2.0",
  "method": "GetUnchargedPointForWallet",
  "params": [],
  "id": 1
}
```


[그림. 79] GAS value exchange Requestbody


```
{
    "jsonrpc": "2.0",
    "id": 1,
    "result": {
        "available": "0.140771",
        "unavailable": "0.096224"
    }
}
```


[그림. 80] GAS value exchange Responsebody

25) address search [그림. 81, 82].


```
{
"jsonrpc": "2.0",
"method": "GetUnchargedPointForAddr",
"params": ["AGofsxAUDwt52KjaB664GYsqVAkULYvKNt"],
"id": 1
}
```


[그림. 81] address search Requestbody

```
{
"jsonrpc": "2.0",
"id": 1,
"result": {
"available": 750.032,
"unavailable": 2815.408,
"unclaimed": 3565.44
}
}
```


[그림. 82] address search Responsebody

26) UTXO [그림. 83, 84].


```
{
"jsonrpc": "2.0",
"method": "GetUnspentAst",
"params": ["AGofsxAUDwt52KjaB664GYsqVAkULYvKNt"],
"id": 1
}
```


[그림. 83] UTXO Requestbody

```
{
"jsonrpc": "2.0",
"id": 1,
"result": {
"balance": [
{
"unspent": [
{
"txid": "4ee4af75d5aa60598fbae40ce86fb9a23ffec5a75dfa8b59d259d15f9e304319",
"n": 0,
"value": 27844.821
},
{
"txid": "9906bf2a9f531ac523aad5e9507bd6540acc1c65ae9144918ccc891188578253",
"n": 0,
"value": 0.987
},
{
"txid": "184e34eb3f9550d07d03563391d73eb6c438130c7fdca37f0700d5d52ad7deb1",
"n": 0,
"value": 243.95598
},
{
"txid": "448abc64412284fb21c9625ac9edd2100090367a551c18ce546c1eded61e77c3",
"n": 0,
"value": 369.84904
},
{
"txid": "bd454059e58da4221aaf4effa3278660b231e9af7cea97912f4ac5c4995bb7e4",
"n": 0,
"value": 600.41014479
}
],
"asset_hash": "602c79718b16e442de58778e148d0b1084e3b2dffd5de6b7b16cee7969282de7",
"asset": "GAS",
"asset_symbol": "GAS",
"amount": 29060.02316479
},
{
```


[그림. 84] UTXO Responsebody

27) Wallet IndexHeight [그림. 85, 86].


```
{
  "jsonrpc": "2.0",
  "method": "GetWalletLength",
  "params": [],
  "id": 1
}
```


[그림. 85] Wallet IndexHeight Requestbody


```
{
    "jsonrpc": "2.0",
    "id": 1,
    "result": 2713183
}
```


[그림. 86] Wallet IndexHeight Responsebody

28) Key : Private Key [그림. 87, 88].


```
{
  "jsonrpc": "2.0",
  "method": "GetAddrForPrivKey",
  "params":
["L5c6jz6Rh8arFJW3A5vg7Suaggo28ApXVF2EPzkAXbm94ThqaA6r
"],
  "id": 1
}
```


[그림. 87] Key : Private Key Requestbody


```
{
    "jsonrpc": "2.0",
    "id": 1,
    "result": {
        "address": "Ad8S24trcuchyLfEbJWqRP7BUScUT4t2pw",
        "haskey": true,
        "label": null,
        "watchonly": false
    }
}
```


[그림. 88] Key : Private Key Responsebody

29) Key : scripthash [그림. 89, 90].


```
{
  "jsonrpc": "2.0",
  "method": "SendTo",
  "params":
["c56f33fc6ecfcd0c225c4ab356fee59390af8560be0e930faebe74a6
daff7c9b", "AK4if54jXjSiJBs6jkfZjxAastauJtjjse", 1],
  "id": 1
}
```


[그림. 89] Key : Private Key Requestbody


```
{
  "jsonrpc": "2.0",
  "id": 1,
  "result": {
    "txid": "0x06de043b9b914f04633c580ab02d89ba55556f775118a292adb6803208857c91",
    "size": 262,
    "type": "ContractTransaction",
    "version": 0,
    "attributes": [],
    "vin": [
      {
        "txid": "0x9c20c13f6b05691efbfd7e420b0edf470f8a5ae467e1e7ca7e11243c9b9fc333",
        "vout": 2
      }
    ],
    "vout": [
      {
        "n": 0,
        "asset": "0xc56f33fc6ecfcd0c225c4ab356fee59390af8560be0e930faebe74a6daff7c9b",
        "value": "1",
        "address": "AK4if54jXjSiJBs6jkfZjxAastauJtjjse"
      },
      {
        "n": 1,
        "asset": "0xc56f33fc6ecfcd0c225c4ab356fee59390af8560be0e930faebe74a6daff7c9b",
        "value": "497",
        "address": "AK5q8peiC4QKwuZHWX5Dkqhmar1TAGvZBS"
      }
    ],
```


[그림. 90] Key : scripthash Responsebody

30) Key : scripthash [그림. 91, 92].


```
{
  "jsonrpc": "2.0",
  "method": "ExecuteAction",
  "params": [
"dc675afc61a7c0f7b3d2682bf6e1d8ed865a0e5f",
[
  {
    "type": "String",
    "value": "name"
  },
  {
    "type":"Boolean",
    "value": false
  }
]
  ],
  "id": 1
}
```


[그림. 91] scripthash Requestbody


```
{
   "jsonrpc": "2.0",
   "id": 1,
   "result": {
      "script": "00046e616d65675f0e5a86edd8e1f62b68d2b3f7c0a761fc5a67dc",
      "state": "FAULT",
      "gas_consumed": "0.01",
      "stack": []
   }
}
```


[그림. 92] scripthash Responsebody

31) operation [그림. 93, 94].

```
{
  "jsonrpc": "2.0",
  "method": "ExecuteFunc",
  "params": [
    "af7c7328eee5a275a3bcaee2bf0cf662b5e739be",
    "balanceOf",
    [
      {
        "type": "Hash160",
        "value": "91b83e96f2a7c4fdf0c1688441ec61986c7cae26"
      }
    ]
  ],
  "id": 3
}
```

[그림. 93] operation Requestbody

```
{
    "jsonrpc": "2.0",
    "id": 3,
    "result": {
        "script":
"1426ae7c6c9861ec418468c1f0fdc4a7f2963eb89151c10962616c616e63654f6667be39e7b562f60cbfe2aebca375a2e5ee28737
caf",
        "state": "HALT",
        "gas_consumed": "0.311",
        "stack": [


            {
                "type": "ByteArray",
                "value": "262bec084432"
            }
        ],
        "tx":
"d101361426ae7c6c9861ec418468c1f0fdc4a7f2963eb89151c10962616c616e63654f6667be39e7b562f60cbfe2aebca375a2e5e
e28737caf000000000000000000000000"
    }
}
```

[그림. 94] operation Responsebody

32) script : VM [그림. 95, 96].


```
{
  "jsonrpc": "2.0",
  "method": "ExecuteScript",
  "params":
["00046e616d656724058e5e1b6008847cd662728549088a9ee82191
"],
  "id": 3
}
```


[그림. 95] oscript : VM Requestbody


```
{
  "jsonrpc": "2.0",
  "id": 3,
  "result": {
    "script": "00046e616d656724058e5e1b6008847cd662728549088a9ee82191",
    "state": "HALT",
    "gas_consumed": "0.161",
    "stack": [
      {
        "type": "ByteArray",
        "value": "4e45503520474153"
      }
    ],
    "tx": "d1011b00046e616d656724058e5e1b6008847cd662728549088a9ee82191000000000000000000000000000"
  }
}
```


[그림. 96] script : VM Responsebody

33) watchonly [그림. 97, 98].


```
{
  "jsonrpc": "2.0",
  "method": "GetAddrListForWallet",
  "params": [],
  "id": 1
}
```


[그림. 97] watchonly Requestbody

```
{
    "jsonrpc": "2.0",
    "id": 1,
    "result": [
        {
            "address": "ASL3KCvJasA7QzpYGePp25pWuQCj4dd9Sy",
            "haskey": true,
            "label": null,
            "watchonly": false
        },
        {
            "address": "AV2Ai7PXcNbjTSeKgWqsDEjLaEAJZpytru",
            "haskey": true,
            "label": null,
            "watchonly": false
        }
    ]
}
```

[그림. 98] watchonly Responsebody

34) Transaction [그림. 99, 100].

```
{
  "jsonrpc": "2.0",
  "method": "SendFrom",
  "params":
["602c79718b16e442de58778e148d0b1084e3b2dffd5de6b7b16cee
7969282de7","AWg3L6W68bFfSS13Tf4rt8CRdG2ktaAjGb","AWg3L6
W68bFfSS13Tf4rt8CRdG2ktaAjGb",1],
  "id": 1
}
```

[그림. 99] Transaction Requestbody

```
{
  "jsonrpc": "2.0",
  "id": 1,
  "result": {
    "txid": "0x60170ad03627ce45c7dd56ececbf33b26eab0845aa8b2cbbeecaefc5771b9eb1",
    "size": 262,
    "type": "ContractTransaction",
    "version": 0,
    "attributes": [],
    "vin": [
      {
        "txid": "0xd2188c1bd454ac883d79826e5c677deedb91cc61ec6d819df48ff4a963873adb",
        "vout": 1
      }
    ],
    "vout": [
      {
        "n": 0,
        "asset": "0x602c79718b16e442de58778e148d0b1084e3b2dffd5de6b7b16cee7969282de7",
        "value": "1",
        "address": "AWg3L6W68bFfSS13Tf4rt8CRdG2ktaAjGb"
      },
```


[그림. 100] Transaction Responsebody

35) Hex [그림. 101, 102].

```
{
  "jsonrpc": "2.0",
  "method": "BroadCastTx",
  "params": [
"80000001195876cb34364dc38b730077156c6bc3a7fc570044a66f
eeea56f71327e8ab0000029b7cffdaa674beae0f930ebe6085af909
5fe56b34a5c220ccdcf6efc336fc500c65eaf440000000f9a23e06f74
86b8827a9108ec2e0f89ad956c9b7cffdaa674beae0f930ebe6085a
093e5fe56b34a5c220ccdcf6efc336fc50092e14b5e00000030aab52
d93f6ce17ca07fa88fc191828c58cb71014140915467ecd359684b2
358024ca750609591aa731a0b309c7fb3cab5cd0836ad3992aa0a2
a431f43b68883ea5651d548feb6bd3c8e16376e6e426f91f84c5823
03322f35c7819267e721335948d385fae5be66e7ba8c748ac15467d
ca0693692dac"],
  "id": 1
}
```

[그림. 101] Hex Requestbody

```
{
  "jsonrpc": "2.0",
  "id": 1,
  "result": true
}
```

[그림. 102] Hex Responsebody

36) Change_address(Option) [그림. 103, 104].

```
{
  "jsonrpc": "2.0",
  "method": "SendTo",
  "params":
["c56f33fc6ecfcd0c225c4ab356fee59390af8560be0e930faebe74a6
daff7c9b", "AK4if54jXjSiJBs6jkfZjxAastauJtjjse", 1],
  "id": 1
}
```

[그림. 103] Change_address(Option) Requestbody

```
{
  "jsonrpc": "2.0",
  "id": 1,
  "result": {
    "txid": "0x06de043b9b914f04633c580ab02d89ba55556f775118a292adb6803208857c91",
    "size": 262,
    "type": "ContractTransaction",
    "version": 0,
    "attributes": [],
    "vin": [
      {
        "txid": "0x9c20c13f6b05691efbfd7e420b0edf470f8a5ae467e1e7ca7e11243c9b9fc333",
        "vout": 2
      }
    ],
    "vout": [
      {
        "n": 0,
        "asset": "0xc56f33fc6ecfcd0c225c4ab356fee59390af8560be0e930faebe74a6daff7c9b",
        "value": "1",
        "address": "AK4if54jXjSiJBs6jkfZjxAastauJtjjse"
      },
```

[그림. 104] Change_address(Option) Responsebody

37) asset [그림. 105, 106].

```
{
  "jsonrpc": "2.0",
  "method": "SendMany",
  "params": [
    [
      {
        "asset":
"c56f33fc6ecfcd0c225c4ab356fee59390af8560be0e930faebe74a6d
aff7c9b",
        "value": 1,
        "address":
"AbRTHXb9zqdqn5sVh4EYpQHGZ536FgwCx2"
      },
      {
        "asset":
```

[그림. 105] asset Requestbody

```
{
  "jsonrpc": "2.0",
  "method": "sendmany",
  "params": [
    [
      {
        "asset": "025d82f7b00a9ff1cfe709abe3c4741a105d067178e645bc3ebad9bc79af47d4",
        "value": 1,
        "address": "AbRTHXb9zqdqn5sVh4EYpQHGZ536FgwCx2"
      },
      {
        "asset": "025d82f7b00a9ff1cfe709abe3c4741a105d067178e645bc3ebad9bc79af47d4",
        "value": 1,
        "address": "AbRTHXb9zqdqn5sVh4EYpQHGZ536FgwCx2"
      }
```

[그림. 106] asset Responsebody

38) hex [그림. 107, 108].

```
{
  "jsonrpc": "2.0",
  "method": "BroadCastBlock",
  "params":
["00000000000000000000000000000000000000000000000C
0000000000000000000845c34e7c1aed302b1718e914da0c42bf47c47
6ac4d89671f278d8ab6d27aa3d65fc8857000000001dac2b7c000000
00be48d3a3f5d10013ab9ffee489706078714f1ea201000151040000
1dac2b7c00000000400000455b7b226c616e67223a227a682d434e2
22c226e616d65223a22e5b08fe89a81e882a1227d2c7b226c616e67
23a22656e222c226e616d65223a22416e745368617265227d5d0000
c16ff28623000000da1745e9b549bd0bfa1a569971c77eba30cd5a4b
00000000400001445b7b226c616e67223a227a682d434e222c226e6
16d65223a22e5b08fe89a81e5b881227d2c7b226c616e67223a2265
6e222c226e616d65223a22416e74436f696e227d5d0000c16ff28623
0008009f7fd096d37ed2c0e3f7f0cfc924beef4ffceb680000000000100
0000019b7cffdaa674beae0f930ebe6085af9093e5fe56b34a5c220cc
dcf6efc336fc50000c16ff2862300be48d3a3f5d10013ab9ffee489706
078714f1ea201000151"],
  "id": 1
}
```

[그림. 107] hex Requestbody

```
{
  "jsonrpc": "2.0",
  "id": 1,
  "result": true
}
```

[그림. 108] hex Responsebody

39) isvalid [그림. 109, 110].

```
{
  "jsonrpc": "2.0",
  "method": "IsValidAddr",
  "params": ["AQVh2pG732YvtNaxEGkQUei3YA4cvo7d2i"],
  "id": 1
}
```

[그림. 109] isvalid Requestbody

```
{
  "jsonrpc": "2.0",
  "id": 1,
  "result": {
    "address": "AQVh2pG732YvtNaxEGkQUei3YA4cvo7d2i",
    "isvalid": true
  }
}
```

[그림. 110] isvalid Responsebody

40) children address [그림. 111, 112].

```
{
  "jsonrpc": "2.0",
  "method": "LinkedAccount",
  "params": ["AK7BsbMwBc83VNQ8oQi5cMsinsTnE6VMeG",
"AK3t1B7ATL6rFoFNAkmaGnc3CBe3C2LScz"],
  "id": 1
}
```

[그림. 111] children address Requestbody

```
{
    "jsonrpc": "2.0",
    "id": 1,
    "result": {
        "success": true,
        "tx": {
            "txid": "0x2e736553c1bef5531c253f5e91adb086af6af3c4f557cf73f8d538dd22cf34c7",
            "size": 50,
            "type": "LinkedTransaction",
            "version": 0,
            "attributes": [],
            "vin": [],
            "vout": [],
            "sys_fee": "0",
            "net_fee": "0",
            "scripts": []
        }
    }
}
```


[그림. 112] children address Responsebody

41) address_1 [그림. 113, 114].


```
{
  "jsonrpc": "2.0",
  "method": "UnlinkedAccount",
  "params":
["AG5XhxyKsfhvUrWxzJkjW1h4zRXChmtzrw","AMrjdnNx5ayKGns6
kvftX2SDpAkKxwXei6"],
  "id": 1
}
```


[그림. 113] address_1 Requestbody

```
{
    "jsonrpc": "2.0",
    "id": 1,
    "result": {
        "success": true,
        "tx": {
            "txid": "0x0c0b844a836b73f5074cea5943d2ad007a69cd16770bb6170038aab86ffe08b2",
            "size": 51,
            "type": "UnlinkedTransaction",
            "version": 0,
            "attributes": [],
            "vin": [],
            "vout": [],
            "sys_fee": "0",
            "net_fee": "0",
            "scripts": []
        }
    }
}
```

[그림. 114] address_1 Responsebody

42) publickey [그림. 115, 116].

```
{
  "jsonrpc": "2.0",
  "method": "Election",
  "params": ["AMTvj1T7wVHsXtVcusqgdb8LBu9p4qhBL9"],
  "id": 1
}
```

[그림. 115] publickey Requestbody

```
{
  "jsonrpc": "2.0",
  "id": 1,
  "result": {
    "success": true,
    "tx": {
      "txid": "0xab57a39d19371ee3c3d9eedad459daca3f2951058e0c67623f512ced5dfa6eb8",
      "size": 157,
      "type": "StateTransaction",
      "version": 0,
      "attributes": [],
      "vin": [],
      "vout": [],
      "sys_fee": "0",
      "net_fee": "0",
      "scripts": [
        {
          "invocation":
```

[그림. 116] publickey Responsebody

43) vote publickey [그림. 117, 118].

```
{
  "jsonrpc": "2.0",
  "method": "Votes",
  "params": ["AMTvj1T7wVHsXtVcusqgdb8LBu9p4qhBL9",
"AMrjdnNx5ayKGns6kvftX2SDpAkKxwXei6"],
  "id": 1
}
```

[그림. 117] vote publickey Requestbody

```
{
  "jsonrpc": "2.0",
  "id": 1,
  "result": {
    "success": true,
    "tx": {
      "txid": "0x8bda7e7bd70a42c7b6f1ef45304b166a7a8e9091f220342d35f8e29248bc467e",
      "size": 172,
      "type": "StateTransaction",
      "version": 0,
      "attributes": [],
      "vin": [],
      "vout": [],
      "sys_fee": "0",
      "net_fee": "0",
      "scripts": [
        {
          "invocation":
"40f13a714c2208a8dd5e5a389bb517493614f57bc52542c1ba2de86600f40a78927bbbfcf6ea798e3bc1c4f8394255812917b89b
1653fa3b5b58d4d695f305d044",
          "verification": "21025e5fbaebf54dea08dbced0471edb936cc34e4bb4535a8fb6d0c0f9e139ab8ba7ac"
        }
      ],
      "descriptors": [
        {
```

[그림. 118] vote publickey Responsebody

44) GetPrepareValidators [그림. 119, 120].

```
{
  "jsonrpc": "2.0",
  "method": "GetPrepareValidators",
  "params": [],
  "id": 1
}
```

[그림. 119] GetPrepareValidators Requestbody

```
{
  "jsonrpc": "2.0",
  "id": 1,
  "result": [
    {
      "publickey": "02486fd15702c4490a26703112a5cc1d0923fd697a33406bd5a1c00e0013b09a70",
      "votes": "46632420"
    },
    {
      "publickey": "024c7b7fb6c310fccf1ba33b082519d82964ea93868d676662d4a59ad548df0e7d",
      "votes": "46632420"
    },
    {
      "publickey": "025bdf3f181f53e9696227843950deb72dcd374ded17c057159513c3d0abe20b64",
      "votes": "0"
    },
    {
      "publickey": "02aaec38470f6aad0042c6e877cfd8087d2676b0f516fddd362801b9bd3936399e",
      "votes": "46632420"
    },
    {
      "publickey": "02ca0e27697b9c248f6f16e085fd0061e26f44da85b58ee835c110caa5ec3ba554",
      "votes": "46632420"
    },
    {
      "publickey": "02df48f60e8f3e01c48ff40b9b7f1310d7a8b2a193188befe1c2e3df740e895093",
      "votes": "46632420"
    },
    {
      "publickey": "032f7b887a43774c51927e44d4c471655cdf6257ad92e38c1cf50c67e1a10281b4",
      "votes": "0"
    },
    {
      "publickey": "03b209fd4f53a7170ea4444e0cb0a6bb6a53c2bd016926989cf85f9b0fba17a70c",
      "votes": "46632420"
    },
    {
      "publickey": "03b8d9d5771d8f513aa0869b9cc8d50986403b78c6da36890638c3d46a5adce04a",
      "votes": "46632420"
    }
  ]
```


[그림. 120] GetPrepareValidators Responsebody

45) Staking [그림. 121, 122].

```
{
    "jsonrpc": "2.0",
    "id": 1,
    "method":"Staking",
    "params": ["AK7BsbMwBc83VNQ8oQi5cMsinsTnE6VMeG",
"10"]
}
```

[그림. 121] Staking Requestbody

```
{
   "jsonrpc": "2.0",
   "id": 1,
   "result": {
      "success": true,
      "tx": {
         "txid": "0x998611548ce15f089256d59c9879af75447f73cdf24be35d0426dc797c676334",
         "size": 278,
         "type": "StakeTransaction",
         "version": 0,
         "attributes": [],
         "vin": [
            {
```

[그림. 122] Staking Responsebody

46) Unstaking [그림. 123, 124].

```
{
    "jsonrpc": "2.0",
    "id": 1,
    "method":"Unstaking",
    "params": ["AK7BsbMwBc83VNQ8oQi5cMsinsTnE6VMeG",
"10"]
}
```

[그림. 123] Unstaking Requestbody

```
{
  "jsonrpc": "2.0",
  "id": 1,
  "result": {
    "success": true,
    "tx": {
      "txid": "0x206ec07e237cee1d488769de15d84300cccd2e44c7f13d13480f5151aed42b99",
      "size": 316,
      "type": "UnstakeRequestTransaction",
      "version": 0,
      "attributes": [],
      "vin": [
        {
          "txid": "0x045aa48d9525d65fc8ae2fa8e05fd05448c6352fd9e9f07d274719cb5f9e492f",
          "vout": 0
        },
        {
          "txid": "0x998611548ce15f089256d59c9879af75447f73cdf24be35d0426dc797c676334",
          "vout": 1
        }
      ],
      "vout": [
        {
          "n": 0,
          "asset": "0x95bed8721683f2b91eb674868f86f66c30861289436aca0423d5dfdab312bda5",
          "value": "0",
          "address": "AMrjdnNx5ayKGns6kvftX2SDpAkKxwXei6"
```

[그림. 124] Unstaking Responsebody

47) UnstakingCancel [그림. 125, 126].

```
{
  "jsonrpc": "2.0",
  "id": 1,
  "method":"Exchange",
  "params": ["gob","AMTvj1T7wVHsXtVcusqgdb8LBu9p4qhBL9",
"12", "100"]
}
```

[그림. 125] UnstakingCancel Requestbody

```
{
  "jsonrpc": "2.0",
  "id": 1,
  "result": {
    "success": true,
    "tx": {
      "txid": "0x2e5e258965ddbf1fd22185b5fb76b8c026b4d60e67368c8bcee665cbcf335a00",
      "size": 282,
      "type": "UnstakeCancelTransaction",
      "version": 0,
      "attributes": [],
      "vin": [
        {
          "txid": "0x206ec07e237cee1d488769de15d84300cccd2e44c7f13d13480f5151aed42b99",
          "vout": 1
        }
      ],
      "vout": [
        {
```

[그림. 126] UnstakingCancel Responsebody

48) Exchange [그림. 127, 128].

```
{
  "jsonrpc": "2.0",
  "id": 1,
  "method":"Exchange",
  "params": ["gob","AMTvj1T7wVHsXtVcusqgdb8LBu9p4qhBL9",
"12", "100"]
}
```

[그림. 127] Exchange Requestbody

```
{
    "jsonrpc": "2.0",
    "id": 1,
    "result": {
        "success": true,
        "tx": {
            "txid": "0x0f3e01f04ea513686db924bd6f05ab69a63915fd9e12d16918400e74108e0372",
            "size": 278,
            "type": "ExchangeTransaction",
            "version": 0,
            "attributes": [],
            "vin": [
```


[그림. 128] Exchange Responsebody

PART 03 —중급 내용

국가별 블록체인과 저자들의 SCI급 논문 소개

12. 국가별 블록체인 사례

블록체인은 2008년도 "나카모토 사토시"의 논문 이후에 발전을 하고 있으며, 대한민국에서는 2016년도 부터 많은 관심을 가지기 시작하였다.

국가별로는 전략 로드맵을 가지고 발전을 지속하고 있고, 본 장에서는 국가별로는 어떠한 장단점을 가지고 정책을 펴고 있는지 살펴보도록 하겠다.

12.1. 대한민국

대한민국은 인터넷진흥원(KISA), 정보통신진흥원(NIPA)등의 과학기술부 산하의 기관에서 주로 블록체인을 다루고 있다. 특히 2017년부터 다양한 시범사업을 통하여 여러 가지의 블록체인 시범사업들이 이루어지고 있으며, 크게는 (1) 금융 분야, (2)의료 분야, (3)컨텐츠 분야, (4)공공 분야, (5)물류, 유통 분야, (6) 에너지 분야에 주로 쓰일 예정으로 사용되고 있다. 여기서는 최근에 구축된 사례를 위주로 살펴보겠다[표 1].

[표. 1] 2019년도 12대 공공선도 블록체인 시범사업

분야	제안기관	과제명
관광	전라북도	블록체인 기반 전라북도 인공지능 맞춤형 관광 설계시스템
계약	방위사업청	블록체인 기반 제안서 접수 및 평가 시스템 구축
식품안전	식품의약품안전처	국민향 해썹(HACCP) 서비스 플랫폼 구축 시범사업
의료	서울의료원	블록체인 기반 맞춤형 의료 서비스 시스템 구축
인증	병무청	인증서 없는 민원서비스 제공을 위한 블록체인 플랫폼 구축 사업
재난재해	부산광역시	블록체인 기반 재난재해 대응 서비스 구축 시범사업
전자문서	우정사업본부	블록체인 기반 전자우편사서함 시범사업
	국가기록원	블록체인을 적용한 신뢰기반 기록관리 플랫폼 구축 시범사업
	서울특별시	시간제 노동자 권익보호(근로계약서)
친환경	환경부	블록체인 기반 탄소배출권(외부감축사업) 이력관리 시스템 구축
	제주도	블록체인 기반 폐배터리 유통이력 관리시스템 구축 시범사업
	한국남부발전	블록체인 기반 신재생에너지 공급의무화제도(RPS) 통합관리 서비스 시범사업

(출처 : itqomcom.blogspot.com)

1) 블록체인 기반 기부 플랫폼

전 세계적으로 기부에 대한 공신력이 필요한 상황인 가운데 내가 기부한 금액이 제대로 추적이 되고 사용되는지에 많은 궁금증을 가지고 있고, 그러한 검증에는 블록체인을 기반으로 하는 컨셉을 가지고 있다. 대한민국의 경우는 GDP 대비 기부금 규모가 지속해서 하락하고 있는 원인은 최근에도 지속해서 일어나고 있는 기부에 대한 사고를 들 수가 있고, '기부 포비아(phobia, 공포증)'도 하나의 원인으로 생각할 수 있다. 지금까지는

기부에 대한 신뢰를 줄 수 있는 기관이 부족했다는 인식을 강하게 가지고 있었으므로, 이 원인을 해결하기 위해 신뢰를 줄 수 있는 기술인 블록체인이 기부 플랫폼으로 적합하기 위한 노력으로 블록체인을 적용 중이다. 여기에 필요한 서비스는 향후 '개방형 캠페인 네트워크', '기부 연계 커머스', '참여형 캠페인 거버넌스', '퀄리티 켐페인 큐레이션', '저 지연 고 생존 블록체인 원장', '안전 연동 블록체인 결제 시스템'등에 사용한다[그림. 135].

[그림. 135] KT 기부 블록체인 (출처 : KT 홈페이지)

2) 블록체인 ID 인증 서비스

최근의 현대사회는 개인 정보인 프라이버시(Privacy) 정보의 해킹 등이 다수 나타나고 있고 많은 위협이 존재하고 있다. 그리고 국내는 '개인 정보 보호법'의 제정이 이미 10여 년 전부터 법 제도화가 되어있고, 유럽의 개인정보보호 규정(GDPR)이

되는 이슈에 직면하고 있다. 이러한 단점을 극복하고자 나온 개념이 블록체인 기반의 자기 주권 신원 모델(Self Sovereign Identity, SSI)을 기반으로 신원 인증을 해주는 신뢰 블록체인을 통하여 검증하는 것이다. 신원 인증 시스템을 구축하기 위해 국제 웹 표준기구인 W3C 주도로 분산 신원(Dcentralized Identifiers, DID) 모델에 대한 표준화가 진행되고 있기도 하다. 나의 개인 정보를 내 단말에 저장하고, 필요할 때 제출할 수 있는 신뢰 기반의 자격 발행과 자격 검증이 가능한 DID 블록체인 인프라를 통하여 간편한 전자증명 서비스를 블록체인에 적용하고 있다[그림. 136].

[그림. 136] 경상남도 DID 블록체인 (출처 :경상남도 홈페이지)

3) 블록체인 국가기록관리 플랫폼

우리나라에는 많은 국가의 기록물들이 저장되어 있고, 이러한 국가 기록물들이 위 · 변조가 되어 후에 잘못 쓰이거나 역사적으로 잘못 판단이 되었을 때는 많은 혼란이 야기될 것으로 생각된다. 이러한 불안요소를 검증하기 위해서 블록체인기술을 활용하면 행정전자 진본성 문서가 생성된 후 실시간으로 관계 기관의 공유를 거쳐 검증이 가능해져 국가 기록물들의 진·위 여부를 검증하는 좋은 사례를 보이기 위해서 블록체인 기반의 기록관리 플랫폼의 구축으로 위·변조가 없는 무결한 기록을 미래세대에 안전하게 전달할 수 있게 될 것이다.

아울러 국가 기록물들의 데이터를 생산 시점부터 폐기 시점까지의 투명한 기록관리가 가능해져서 기관 업무에 대한 신뢰도의 향상도 기대할 수 있다. 향후 더 많은 국가의 기록물들이 생성되고, 수정되고 파기가 될 것이라 예상되는데 블록체인은 핵심 컨셉으로 사용되게 될 것이다.

4) 블록체인 에너지거래(REC) 거래 서비스

우리나라는 에너지의 수입국으로 오래전부터 에너지에 대한 많은 고민이 있으며, 특히 '신재생에너지 2030' 정책으로 2030년까지 총 전력 생산량의 20%를 신재생에너지가 국가의 에너지원으로 자리매김을 하여야 한다. 여기에 필요한 제도는 신재생에너지의 공급을 의무화하는 RPS제도(신·재생에너지공급의무화제도, Renewable Portfolio Standard)가 국내에서 사용되고 이를 바탕으로 에너지 정책을 세우고 있다.

이러한 RPS제도를 만족시키기 위해서는 신재생에너지 발전량에 따라 발급되는 REC제도(신·재생에너지공급인증서, Renewable Energy Certificate)가 필요하다.

그러나 우리나라는 다양한 에너지 생산 시설(원자력, 화력, 수력 등)의 구축에도 불구하고 근본적인 에너지원이 부족하므로, 그 동안 전력생산업체(발전소)는 부족하거나 초과한 REC를 현물거래와 장기고정가격 경쟁입찰을 통해 거래해 왔다. 그리고 최근에는 신재생에너지 발전설비 용량의 증가에 따라 REC 거래량이 증가하여 현재의 복잡한 업무 프로세스로는 원활한 거래시스템 운영이 어려워졌고. 이것이 검증에 대한 문제 및 신뢰에 대한 문제로 이어지게 되었다. 하지만 미래에는 이를 통한 에너지관리에 대한 문제를 블록체인을 통해서 발전시키는 모델을 만들기 위하여 커다란 노력을 하고 있다.

5) 블록체인 탄소배출권 인력관리

UN은 기존의 제조업을 바탕으로 하는 이산화탄소 배출에 대한 지구 온난화 문제가 심각함을 느끼고, 이에 곧바로 국제적인 환경오염 방지에 대한 1997년 교토의정서에 서명하며 기후변화에 공동 대응하기로 합의하였다. 그러나 교토의정서는 강압적인 규제에만 의존한 나머지 많은 이산화탄소 감축 효과를 가져오지 못하였으며, 이에 다음 단계로 2015년 파리협정인 SDGs(Sustainable Development Goals)를 통하여 UN에서 생각하고 있는 기존의 규제대상의 명맥을 유지하면서 개인도 참가하는 방안을 마련하게 되었다.

이것이 최종적으로는 온실가스를 줄이기 위한 로드맵으로 제시되어 국가별로 온실가스 배출량을 할당하자는 '목표 관리제'가

등장하였고, 온실가스 '배출권 거래제'와 '배출권 상쇄제도'가 나왔다. 그러나 현재는 '배출권 거래제' 및 '배출권 상쇄제도'는 블록체인기술을 활용해 탄소배출권 인력관리를 투명하게 관리해서 신뢰성과 보안성을 높이고 이중거래를 방지하기 위한 블록체인기술을 활용하여 발전시키고 있다. 이는 국내뿐만 아니라 국제적으로 거래가 가능한 탄소배출권에 대한 신뢰를 주기 위한 시범사업으로 진행되고 있다.

이외에도 블록체인 중고차 플랫폼, 방위사업 지원 블록체인 플랫폼, 인증서 없는 병무청 민원서비스 블록체인 플랫폼, 재난재해 예방 및 대응 서비스, 시간제 노동자 권익 보호, 블록체인 스마트관광 플랫폼, 식품 안전관리인증(HACCP) 서비스 플랫폼, 블록체인 우편 사서함, 블록체인 스마트병원 서비스, 블록체인 폐배터리 유통인력 관리시스템 등을 통하여 블록체인이 검증 사업으로 신뢰를 심어 주고 있다.

12.2. 미국

미국은 다양한 블록체인 프로젝트를 진행하고 전 세계의 블록체인 프로젝트를 선도한다고 해도 과언이 아니다. 현재 미국은 주 정부 산하의 정부 주도형 블록체인 사업이 진행 중이고, 연방정부, 지방정부 단위로 구분되어 활발한 블록체인 사업이 진행 중이다. 특히 연방정부는 8개의 정부 부처에서 11건의 블록체인 프로젝트를 진행하고 있으며, 주 정부는 지방 경제 활성화 및 공공 서비스 향상을 위한 미국 주 정부의 블록체인 기술

도입을 본격화하는 진행기관의 역할을 맡고 있다. 그리고 마지막으로 지방정부의 역할은 블록체인 기반 선거 투표 및 세금 납부에 블록체인을 활용하여 미국의 투명한 선거 관리시스템 및 Tax 시스템에 적용하며 다양한 블록체인 프로젝트를 진행하고 있다[표. 2].

[표. 2] 미국 블록체인 시범사업

미국 주 or 시	도입 예정 부분
뉴욕시	이더리움 컨소시엄 EEA에 가입
버먼트 주	합법적 기록 관리 방법 연구 및 주 증거법 따라 블록체인 디지털 기록 이전
애리조나 주	블록체인 기술활용 촉지을 위한 법 제정(2017)
델라웨어 주	주식거래명부에 블록체인 활용, 국가기록물보관소 기록물에 블록체인을 활용
일로노이 주	생년월일을 블록체인으로 기록하는 실증 추진
조지아 주	부동산 거래 부문의 소유권 등록 · 인증 및 계약의 변조방지 등 부정부패 방지
메릴랜드 주	블록체인 기술을 이용한 네트워크와 데이터베이스 회사 주식장부 등 회사기록을 관리할 수 있도록 법 개정
텍사스 주	자유당은 대선 후보 선정에 블록체인 기술을 활용한 온라인 투표를 도입
유타	공화당은 블록체인에 기반을 둔 온라인 투표 시스템 활용

(출처 : 정보통신산업진흥원)

한편, 미국 총무청(General Services Administration)은 조달 시스템에 블록체인을 적용하는 것을 시험하고 있으며, 연방 블록체인 커뮤니티(Federal Blockchain Community)와 아틀라스 포털(U.S. Emerging Citizen Technology Atlas)을 운영 중이다. 마지막으로 미래의 먹거리인 BT 분야 중 헬스케어 분야에서도 많은 블록체인 프로젝트를 진행 중이다. 특히 환자 의료 데이터 공유체계 구축을 위한 블록체인 기술활용 등을 통한 헬스케어 산업에서의 블록체인 도입을 긍정적으로 검토하고 있다. 조사에 따르면 미국은 50개 주 가운데 28개 주에서 헬스산업을 핵심 사업으로 선정하여 운영 중에 이미 분류를 하여 진행 중이고, FDA Health Data Exchange, FDA RAPID Program(미국 식품 의약청), Health Crisis Data(CDC 국립질병 통제 예방센터) 등에 적용하여 선도를 지키고 있다. 그 이외에도 미국 주 정부에서는 헬스케어 이외의 산업에 대해서도 블록체인 기술 도입을 진행 중이다.

미국 또한 대한민국과 마찬가지로 블록체인 시스템을 다양한 산업군에 적용하고 있고, 이미 금융 분야, 제조업 분야, 인증 분야, 과학기술 분야 등에 모두 적용을 하고 있으며, 월마트와 IBM이 합작을 통하여 글로벌 물류 블록체인을 시작하고 있다[그림. 137].

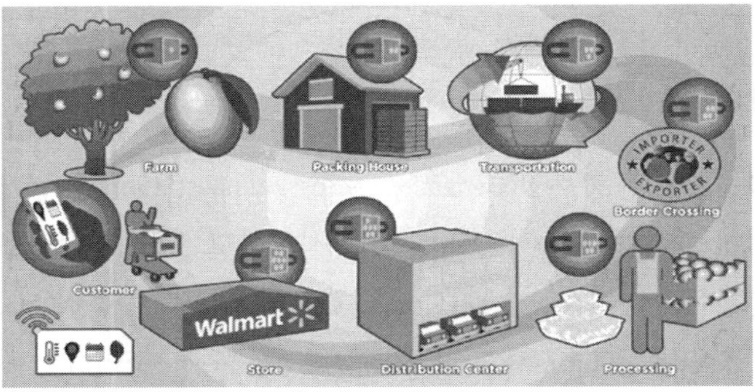

[그림. 137] 월마트–IBM 협업 블록체인 (출처 : IBM)

12.3. 중국

중국은 미국과 함께 블록체인을 선도하는 국가라고 해도 좋고, 중국은 많은 수의 대기업을 활용한 정부 주도의 블록체인 사업을 활발하게 수행하고 있다. '13차 5개년 계획(2015년~2022년)'에서 블록체인이 중점 육성기술로 선정되면서, 블록체인 기술개발에 대한 중국 내 정책적 중요도가 높아지고 있다.

또한, 2017년 5월에는 중국 국가 표준위원회에서 블록체인 기술 및 산업의 국가표준이 되는 블록체인 아키텍처를 발표하면서 블록체인 기술개발을 가속화 하고 있다. 그리고 응용기술에 대해서는 지속적인 투자를 통해 관련 산업진흥을 주도하고 ICT에서의 블록체인의 위상을 높이고 있다. 그리고 정부에서 주도하면서 정부 지원 기반으로 주도되고 있는 항저우 블록체인 산업단지는 전문산업 육성 및 인재 양성을 활발히 진행하여 선순환 블록체인 생태계 구축하고 있다[표. 3].

[표. 3] 중국 블록체인 시범사업

펀드명	규모(한화)	투자분야/현황
선진 블록체인 창투펀드	900억원	100여개의 블록체인 시드프로젝트를 소싱하여 인큐베이팅 진행
베이징 블록체인 상태 투자펀드	1,800억원	블록체인 생태계 교육훈련, 원천기술 연구개발 및 응용분야 연구개발 등 지원
항저우 씨웅안 글로벌 블록체인 혁신펀드	18,000억원	10개 블록체인 기업이 블록체인산업원에 입주하였으며, 해당 프로젝트들에게는 항저우 미래과학기술도시 지원사업 지원자격 부여
창샤 결제기술개발구 블록체인 산업펀드	5,400억원	현재 정책 결정과정에 있고, 산업펀드는 조성되지 않음

(출처 : 정보통신산업진흥원)

첫째 친환경 에너지 개인 간 거래, 둘째 현금, 종이 없는 공공금융 거래, 셋째 주민등록 관리, 넷째 스마트기계를 통한 생산공정 효율화를 위해 블록체인 기술을 도입하여 블록체인 특구의 역할을 톡톡히 하고 있다.

향후 중국의 블록체인 산업단지의 성공 여부에 따라서 많은 지원을 아끼지 않을 것이 예상되고, 블록체인 인프라를 기반으로 한 제조, 금융 서비스, 에너지 등의 다양한 실증사업으로 확대를 하고, 스타트업 창조센터 설립 및 보조금 지원 등을 통해 관련 산업의 활성화를 위해 공격적인 투자를 감행하여 중국 대표 자동차 부품 생산 그룹인 완샹은 항저우 블록체인 산업단지를 통해 미래 전기차 시장 점유율을 선점하고 향후 차별적인 스마트 시티를 구축할 예정[80]이다[그림. 138].

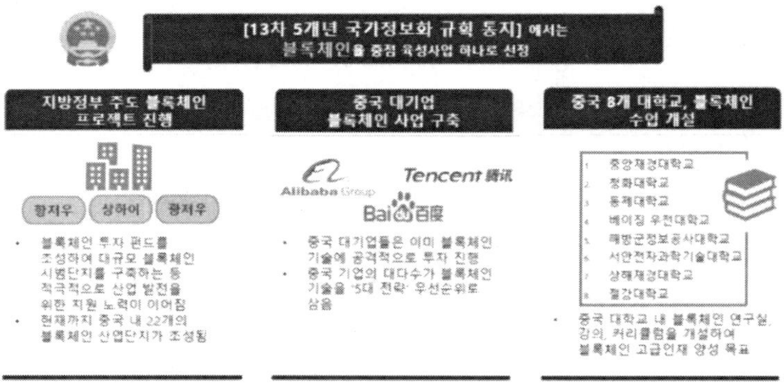

[그림. 138] 중국 5개년 국가 정보화 (출처 : 정보통신산업진흥원)

12.4. 일본

일본은 오래전부터 블록체인 산업 양성화 사업을 통하여 다양한 노력을 선보이고 있다. 일본 정부는 암호화폐 거래소 인가제 등을 이미 2017년도에 도입하여 블록체인 산업 양성화에 큰 정책을 세우고 움직이고 있다. 그리고 전 세계적으로 큰 이슈인 암호화폐 법을 제정하여 거래소 인가제 및 암호화폐 회계기준에 대한 가이드라인을 마련하는 등의 활발한 움직임을 보이고 있다 [표. 4].

[표. 4] 일본 블록체인 시범사업

도시명	주요내용
미야자키 현	블록체인 기술 기반의 유기농 채소 품질 관리 시스템 구축
사이타마 현	블록체인 기술 기반의 도시 간 교통결제 시스템 구축
이라바카 현	블록체인 기반의 투표시스템 도입 예정

(출처 : 정보통신산업진흥원)

또한, 2020년 도쿄올림픽의 슬로건인 '현금 없는 사회'를 표방하며, 암호화폐 결재 시스템에 대한 가이드라인 마련에 박차를 가하고 있으며, 도시경제 활성화에도 블록체인 서비스를 적극적으로 도입하고 있다. 도쿄 정부는 'Global Financial City 비전'을 이루기 위해 특히 수도인 도쿄시를 위해 첫째, 매력적인 근무 환경인 도시, 둘째, 우수 인재 허브 센터인 도시, 셋째, 금융산업을 통해 사회 지역 문제를 해결하는 도시로 발전하는 것을 추진하고 있다. 그리고 다양한 산업 간의 문제점을 극복하고, 지역 문제 해결을 위하여 여러 도시에서 블록체인 기술의 공공분야 활용을 통한 사회경제적 문제를 해결하려는 움직임이 나타나고 있다.

구체적으로는 일본 내 도시들에서 유기농 채소 품질관리, 교통결제 시스템 등의 문제 해결을 위해 블록체인을 활용하고, 수도인 도쿄시는 블록체인 산업 활성화를 위한 하나의 노력으로, 해외 우수 블록체인 기술 기업과 자국 내 기업을 매칭 하는 액셀러레이팅 프로그램을 진행 중이다[그림. 139].

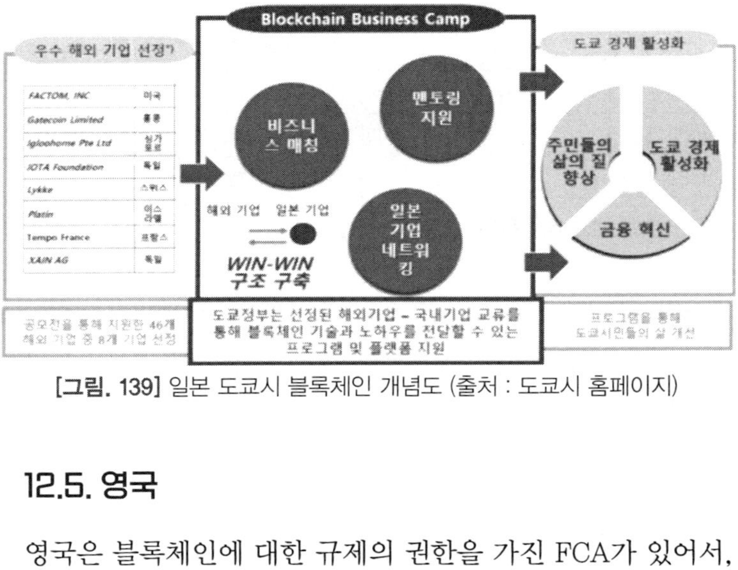

[그림. 139] 일본 도쿄시 블록체인 개념도 (출처 : 도쿄시 홈페이지)

12.5. 영국

영국은 블록체인에 대한 규제의 권한을 가진 FCA가 있어서, 규제 범위 확대를 추진하고 있으며, 암 연구소 란코르사이언티픽(Lancor Scientific)이 인공지능과 블록체인 기술을 활용한 암 검진 툴을 개발 중이다. 이러한 해당 툴의 정확도는 90%에 달하며 추출된 데이터는 전용 블록체인 네트워크에 보관된다며 이와 관련된 아미르버트(Amir Butt) 란코트 CEO는 '블록체인 기술은 의료데이터를 보관하는 데 효과적'이며'병원이나 의사가 더욱 효과적으로 환자를 치료하는 데 도움을 줄 것이다'라 하고, 영국 HSBC는 2,500억 달러 규모의 외환거래에 블록체인을 활용하고 있다.

[그림. 140] 영국 블록체인 협회 회원사 (출처 : 영국 블록체인 협회 홈페이지)

12.6. 독일

독일은 수년 전부터 블록체인에 대한 많은 관심을 가지고 적극적인 활성화 전략을 모색하고 있는 나라 중의 하나이다. 그러나 대부분의 나라와 같이 처음 도입된 것은 부정적인 관점에서 블록체인이 사용되게 되었다. 하지만 이러한 역효과를 국가 차원에서 극복하려고 하고 있으며, 독일은 우선 디지털 혁신 촉진 및 금융 안정성 확보를 통하여 블록체인을 발전시키려고 하고 있다. 독일에서 블록체인은 매우 의미 있는 일이고, 전문가들이 기술의 잠재력을 기반으로 대단히 안정적인 성장을 하고 있다. 독일 정부는 디지털 신분 제도인 DID 서비스, 학교 증명서비스, 물류공급 서비스 등의 다양한 산업에 블랙체인을 사용하기 위한 노력을 하고 있으며, DAO(탈중앙화 자율조직)를 운영하여 적용하려고 하고 있다[그림. 141].

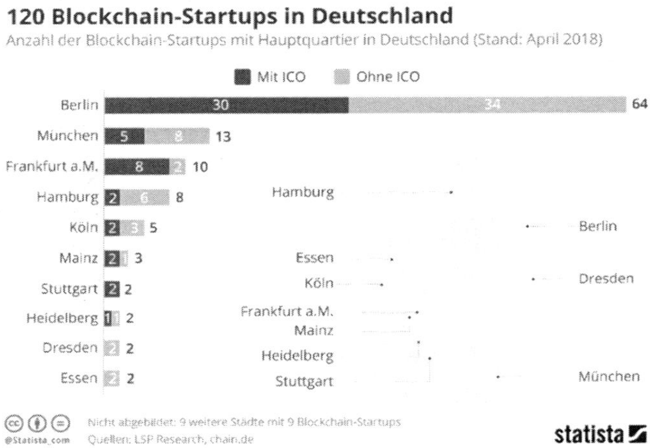

[그림. 141] 독일의 블록체인 정책 (출처 : LSP Reacher, chain.de)

12.7. 에스토니아

에스토니아는 블록체인을 매우 오래전부터 도입하고 있으며, 세계은행 디지털 국가 인덱스에서도 1위로 선정된 '디지털 강소국(Digital savvy)'을 유지하였고, 블록체인을 국가 기반기술로 삼고 2007년부터 블록체인 전자정부 구축을 시작하였다 [93].

그리고 에스토니아는 2002년에 전 국민에게 ID 번호를 부여하고, 2007년 이후 디지털 국가 및 전자 시민 모델인 'eEstonia'

를 도입 하였으며 [그림. 142] [93-94], 이런 모델은 국가 시스템인 디지털 사회시스템을 담당하는 기관으로 통합된 e-Service를 통하여 제공되고 있다 [93-94].

에스토니아 전자영주권

개요	블록체인 기술 이용한 전자영주권
발급절차	에스토니아 전자정부 사이트에서 신청
발급 대상	제한 없음
혜택	방문 없이 에스토니아·EU에 법인설립
신청자	3만9,049명
설립법인	약 6,000개

자료: 에스토니아 정부

[그림. 142] 에스토니아의 전자영주권 (출처 : 에스토니아 정부)

블록체인 기반의 ID 발급을 통해 에스토니아의 시민권, 세무, 교육, 치안권, 선거, 재무, 헬스케어 등 민간 부분과 공공서비스에 블록체인을 매우 적극적으로 활용하고 있다. 그리고 정부가 직접 블록체인 기술을 개발하기보다 정부와 기업의 협력 네트워크를 구축하여 적극적으로 민간기술을 활용하여 생태계를 빠르게 확장하고 있다[93-94].

12.8. 네덜란드

네덜란드는 이미 블록체인을 미래를 위한 핵심 기술로 판단하고, 민간 및 공공 협력 프로젝트에 정부에서는 매우 적극적으로 설명회를 가지면서 투자하는 정책 등에 심혈을 기울이고 있다. 그리고 공공의 블록체인 도입을 통하여 사회보장의 이익 및 정부 기관의 투명성, 신뢰성, 안전성 제고를 꾀하고 있다. 아울러 네덜란드 정부 주도로 구성된 네덜란드 블록체인 연합(The Dutch Blockchain Coalition, Cutch Digital Delta)을 통해 2017년 1분기부터 블록체인 아젠다를 시행하고 있다. 그리고 다양한 산업군에 적용을 시도하고 있으며 스마트 인더스트리 부문에 특화된 블록체인 기술을 도입하고 있고, 로테르담시는 '블록체인 에너지' 필드 랩의 구축을 통한 스마트 시티 조성 프로젝트를 진행 중이다[그림. 143].

[그림. 143] 네덜란드 블록체인 국가전략 (출처 : 네덜란드 정부)

12.9. 아랍에미리트 (UAE)

아랍에미리트(UAE)는 블록체인 기반 전자정부 구현을 매우 적극적으로 만드는 나라이다. 이렇게 블록체인을 도입하는 주목적은 정부가 투명한 금융 서비스와 간편한 행정서비스를 국민 및 전 세계 관광객들에게 제공하기 위해서이다. 2016년 이후 모든 문서 및 거래를 2020년까지 블록체인으로 전환하기 위하여 '두바이 블록체인 전략(Dubai Blockchain Strategy)'을 추진하고 있고, 이러한 전략을 국가 로드맵으로 삼고 동시에 블록체인 응용 분야 탐색을 위해 글로벌 블록체인 협의회를 설립하고 다양한 블록체인 관련 사업을 추진 중이다. UAE의 수도인 두바이는 스마트 시티 사업을 추진하며 지역 내 공공 문서를 블록체인 기반의 전자문서로 전환하는 작업 추진하고 있다. 블록체인을 기반으로 하는 다양한 전자문서 서비스 및 행정서비스 등을 추진하고 있고 향후 2030 엑스포에서 빛을 발휘하려고 한다[그림. 144].

[그림. 144] UAE-사우디아라비아 간 블록체인 협정 (출처 : UAE 정부)

12.10. 스위스

스위스는 블록체인을 매우 적극적으로 도입하고 있는 나라이다. 2018년, 세계 최초의 암호화폐 활용 자금조달(ICO) 가이드라인을 작성하여 국가별 표준화를 이루고 있는 나라이기도 하다. 스위스 주 정부에서는 매우 적극적으로 블록체인을 유치하고 있다. 그리고 다양한 블록체인 스타트업 지원이 활성화되어 있어 다국적 스타트업이 다수 진출하여 활동하고 있으며 블록체인을 다양한 산업군에 적용하여 생태계가 매우 견고하고 튼튼하다고 할 수 있다. 특히 스위스의 추크 시는 비트코인 스위스(Bitcoin Swiss AG), 이더리움 재단(Ethereum Foundation) 등의 설립지 이자 블록체인 혁신도시이기도 하다[그림. 145].

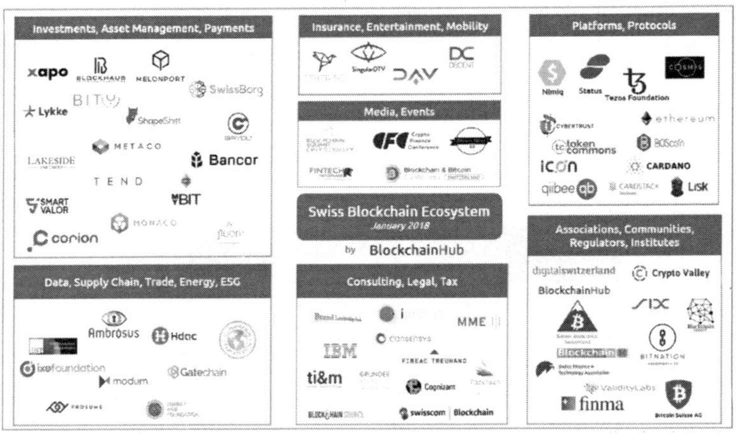

[그림. 145] 스위스 블록체인 생태계 (출처 : https://blockchainhub.net)

12.11. 핀란드

핀란드는 유럽에서 고령화 진행 속도가 가장 빠른 국가 중 하나다. 그리고 전 세계의 인구는 2070년에는 65세 이상 인구가 전체 인구의 3분의 1에 이를 것이라는 전망을 예측하여 헬스케어와 블록체인 기술에 특화를 시키고 있다. 그래서 핀란드에서는 국가 재정이 향후 국가적인 고령화로 인하여 의료비용이 매우 어렵다는 것을 예측하고 그에 따른 블록체인과 헬스케어 시스템을 국가 산업 발전전략으로 삼고 있다. 한편 핀란드 정부는 공공기관과 민간기업을 헬스케어 공공 서비스의 파트너로 구축하여 민간기업 위주의 구축 생태계를 만들고 있고, 원격의료를 확대하고 질병 치료와 예방을 위한 유전체 정보 구축에 나섰다[그림. 146].

[그림. 146] 핀란드 헬스케어 블록체인 (출처 : 머니투데이)

13. 산업별 블록체인 사례

블록체인 시스템은 다양한 산업군에 이용할 수 있으며, 이는 금융 분야, 제조업 분야, 인증 분야, 과학기술 분야 등에 모두 적용이 가능하다는 소리이며, 이러한 소스코드를 위해서 기본적인 소스코드를 이용하여 만들어 갈 수 있다[그림. 147].

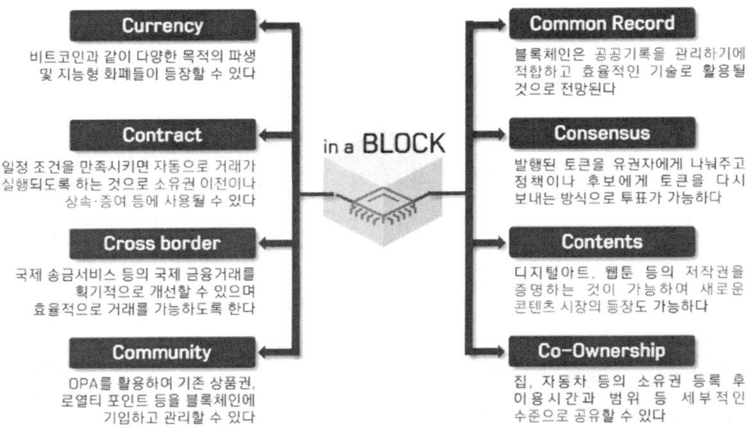

[그림. 147] 블록체인 산업별 분야 (출처 : DBR 블록체인 비즈니스–김진화)

13.1. 금융 분야

블록체인은 여러 산업 분야에 적용하여 사용할 수 있다. 그 중에 금융업 쪽에 최초로 도입되었다고 볼 수 있다.

그 예로는 암호화폐라는 플랫폼을 필두로 하여 생겨난 P2P 대출, 거래인증, 공인인증 등 최근 핀테크 기술과 융합되어[97] 새로운 분야로의 확대를 꾀하고 있다. 이는 금융권에서 주로 쓰이고 있는 블록체인 전자화폐, 해외송금, 장외거래, 데이터 저장 및 보호, 메시지 보호 및 전달 등의 형태로 다양하게 활용[97]되고 있다.

또한, 블록체인은 거래 내용의 위 · 변조가 어려워 중앙 금융기관의 개입 없이 개인 간의 거래가 가능하게 되며, 3자의 보증을 시스템적으로 최소화하여 신뢰할 수 있는 구조를 만들어 가고 있다.

한편, Ripple이라는 회사를 통한 전 세계 금융권을 연결하는 R3 프로젝트를 말할 수가 있다. R3 프로젝트는 전 세계의 금융을 하나의 네트워크로 구성하고 또 P2P 거래를 하려고 하는 노력이 엿보이고, R3는 글로벌금융서비스 개발의 플랫폼 형태를 나타낸다. 이러한 다양한 P2P 거래를 하기 위한 금융산업의 서비스에 적용 가능한 분산 원장 및 어플리케이션을 개발하기 위한 목적으로 다양한 금융권에서 플랫폼을 개발하여 결제, 보험, 회계 등이 합쳐진 컨소시엄을 결성하고 여기에 맞는 사용처들이 컨소시움을 구성하고 있다[그림. 148].

R3CEV 컨소시엄 가입현황 및 활동

해외 금융사	BoA, 씨티그룹, JP모건 등 50여개
탈퇴 금융사(예정)	골드만삭스, 산탄데르 은행(모건스탠리, 호주내셔널은행)
국내 금융사	KEB하나, 신한, KB국민, 우리, IBK기업 등 은행 5곳
주요활동	리서치 회원사와 공동 서비스개발, 플랫폼 제공
연 회비	25만달러(약 2억8000만원)

[그림. 148] 금융 블록체인 연합(R3CEV 컨소시움) (출처 : 머니투데이)

13.2. 의료, 헬스케어 분야

4차 산업 혁명의 기술 중 가장 중요한 목표인 인간 생명 연장이라는 대전제를 기반으로 의료 · 헬스케어 분야에서의 블록체인을 적용하는 기술적 융합이 대두되고 있다.

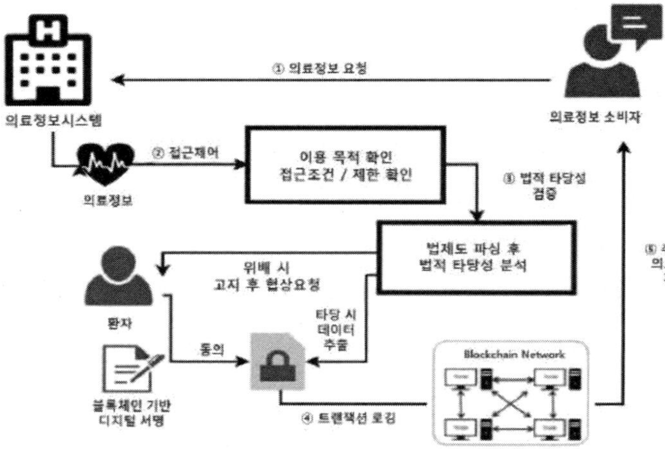

[그림. 149] 블록체인 의료정보시스템 (출처 : 사례연구를 통한 안전한 블록체인 도입에 대한 제언, 2017 한국통신학회)

이는 기존의 의료데이터 유출방지 및 이를 활용하는데 기존의 아키텍처를 변경할 수 있는 분야이기 때문이다. 이는 앞으로 더욱더 중요해지는 개인의 정보를 수집, 저장, 활용하는 관점에서 블록체인의 의료정보를 안전하게 사용하는 가치판단을 할 수 있게 되는 것이다. 그리고 기존의 의료정보 시스템은 의료정보 시스템 정보의 데이터를 제공해주는 Provider 관점에서 Consumer 관점으로 비즈니스 체계가 바뀐 것이다. 분명히 기존의 의료법 등과의 충돌이 일어날 거라 예상되지만, 이러한 개인의료정보에 대한 활용을 안전하게 하기 위한 수단으로 블록체인이 활용되고 있다.

또한, 미국을 기점으로 하여 의료, 헬스케어 산업은 매년 크게 성장하고 있는 분야로, 여기에 블록체인을 적용하여 향후 인공지능의 플랫폼과 빅데이터 플랫폼이 더해져 다양한 의료 서비스 산업이 활성화할 것으로 보인다[그림. 149].

13.3. 물류, 유통 분야

현대사회의 물류, 유통의 전쟁이라고 해도 과언이 아니다. 그리고 현재는 국내에서만 물류, 유통체계가 이루어지는 것이 아닌 전 세계가 단일화된 물류, 유통체계를 가지고 있다. 이는 전 세계의 교류가 활발하고 또한 물류, 유통 분야는 혁신적으로 발전하고 있다고 본다. 이러한 기존의 물류, 유통체계에 블록체인의 융합을 통하여 행정 처리에 대한 안전한 유통량 및 필요한 발주를 위해 문서와 행정 시스템을 블록체인화 하여 모든 물류, 유통 과정에서 필요한 검증 및 CRM에 대한 공급망 관리 체계에 대한 최적화 된 시스템을 구축하기 위해 새로운 시스템을 위한 물류, 유통 분야에 적응시키고 설계한다.

또한, 향후 에는 O2O, O4O 서비스를 통하여 사용되는 물류 체계로의 혁신이 요구되고 있다. 이는 IoT 기술이 발전하면서 가능해지는 혁신을 가져오고 있으며, 블록체인을 이용하여 모든 참가자가 투명하게 공유받을 수 있어 one-stop으로 투명한 정보 수집 및 비교를 할 수 있다. 이는 전 세계의 유통, 물류를 담당하는 미국 아마존, 중국 알리바바 등의 큰 기업들이 혁신을 통해 빠른 배송시스템과 안전한 배송시스템을 이용하는데 블록체인이 필요한 사항이라는 것을 말한다[그림. 150].

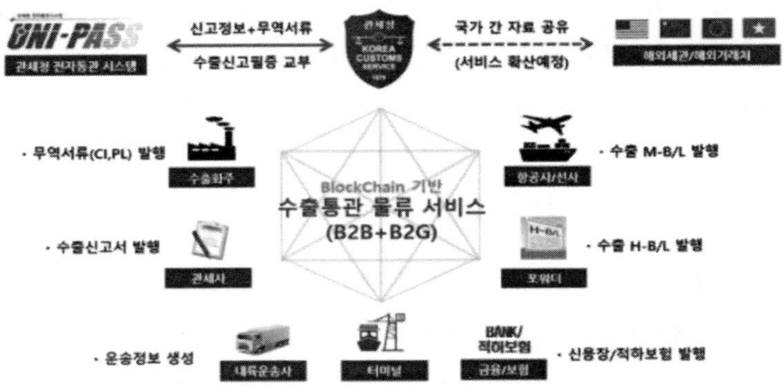

[그림. 150] 물류 블록체인 서비스 (출처 : 관세청 홈페이지)

13.4. 콘텐츠 분야

향후 미래는'콘텐츠 전쟁이다'라고 할 수 있다. 바꾸어 말하면 하드웨어 시장은 이미 발전할 수 있는 만큼 많은 발전을 이루고 있다. 그에 비해서 소프트웨어 시장이 매우 상대적으로 적은 시장 생태계를 보이며, 향후 미래에는 이러한 단점을 극복하여 콘텐츠 기반의 다양한 사업들이 나올 것이다.

하지만 일부 국가에서는 여전히 저작권을 무시하고 불법 복제가 이루어지고 있는 현상이 있다. 이는 향후 콘텐츠 산업의 큰 걸림돌이 되고, 이러한 걸림돌을 제거하기 위한 기술로 블록체인이 거론되고 있으며, 아이디어 및 좋은 생각들이 필요할 시장으로 대두되고 있다.

이렇듯 아이디어 하나가 이제는 회사의 흥망성쇠를 이룰 만큼 매우 중요한 척도가 되고 있기 때문이다. 이러한 콘텐츠를 개인과 개인이 신뢰를 기반으로 거래할 수 있는 플랫폼을 기반으로 보상체계 또한 견고하게 만들어 정보의 홍수로부터 저작권 등의 콘텐츠를 보호하는 일은 매우 중요한 기술로 받아들여질 수 있다. 이러한 상황에서는 질 높은 콘텐츠 창작의 동기를 잃어버려 성장동력을 놓치게 되는 치명적인 상태로 될 수 있는 것이다.

그래서 소비자들은 계속해서 낮은 질의 콘텐츠를 경험하게 되는 악순환이 반복되고, 투명성을 기반으로 해서 안전하고 투명한 라이선스를 제공해주는 블록체인 기술과 접목이 되면 양성화된 좋은 콘텐츠 개발로 연결이 될 것이다[그림. 151].

기업	steemit 스팀잇	아카샤	KODAK 코닥	DTube 디튜브	ujo 우조	CIVIL 시빌
주요 서비스	SNS	SNS	사진, 저작권 보호	영상 스트리밍	음악 스트리밍	탈중앙화 뉴스
보상 수단	스팀	이더리움	코닥코인	스팀	이더리움	CVL토큰
콘텐츠	글	글	사진	동영상	음악	뉴스

[그림. 151] 컨텐츠 블록체인 서비스 (출처 : 정보화진흥원 홈페이지)

14. 관련 논문 (SCI급)

14.1. 에너지 블록체인

본 논문의 제목은 '신재생에너지의 지속 가능한 관리를 위한 블록체인 합의 알고리즘(The Blockchain Consensus Algorithm for Viable Management of New and Renewable Energies)'으로, 허준호 교수가 제1저자, 김성규 부대표가 교신저자로 각각 참여하였다. 이 논문에 따르면, 지속 가능한 글로벌 환경을 만들기 위해서는 현재의 시스템을 디지털화하는 것이 중요하며, 이 과정에서 혁신과 지속가능성, 안전성 확보를 위해 지능형 시스템(intelligent system)의 채택이 중요하며, 이 지능형 시스템의 품질은 바로 알고리즘에 달려 있다. 신재생에너지는 화석연료 등 현재의 에너지원을 대체해 가고 있으나, 그 속도가 너무 느려 이 문제를 해결하기 위하여 미국과 일본, 유럽의 여러 국가가 블록체인 시스템을 활용하고 있다. 하지만 이들 국가에서 사용하고 있는 블록체인 시스템 또한 기능성과 효율성, 보안 등의 문제에 봉착하고 있다. 이번 논문에서는 위의 문제점을 해결하기 위해 HDPoR(Hyper Delegation Proof of Randomness) 방식의 블록체인 합의 알고리즘을 제시하고, 신재생에너지 거래시스템에 블록체인을 적용하는 방안도 함께 제시하고 있다.

관련 이미지들은 다음과 같다.

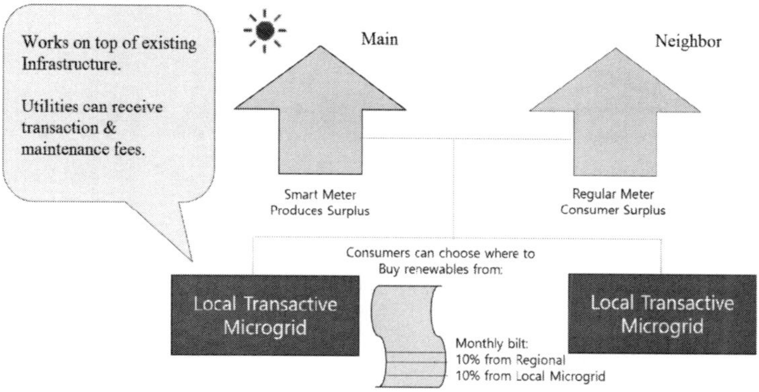

Smart renewable energy and P2P (peer-to-peer) blockchain service

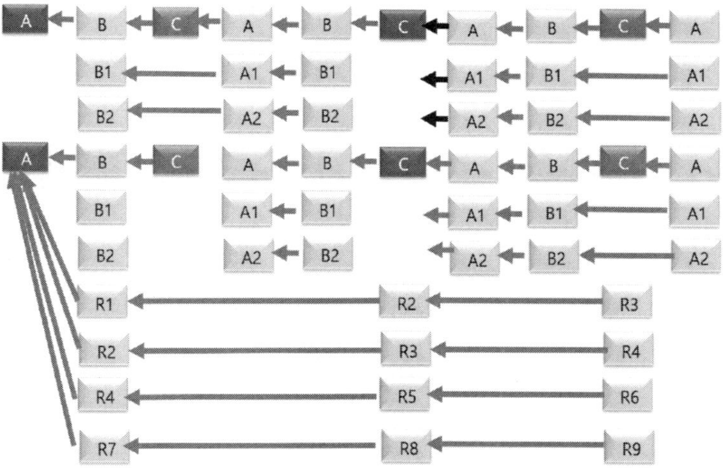

Hyper Delegation Proof of Randomness (HDPoR) sequence

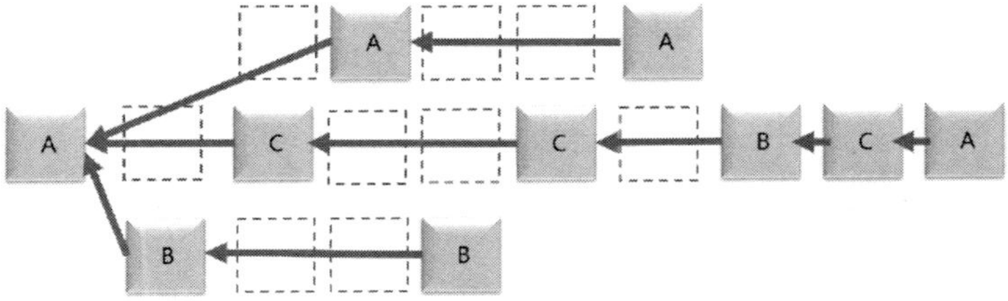

HDPoR diagram

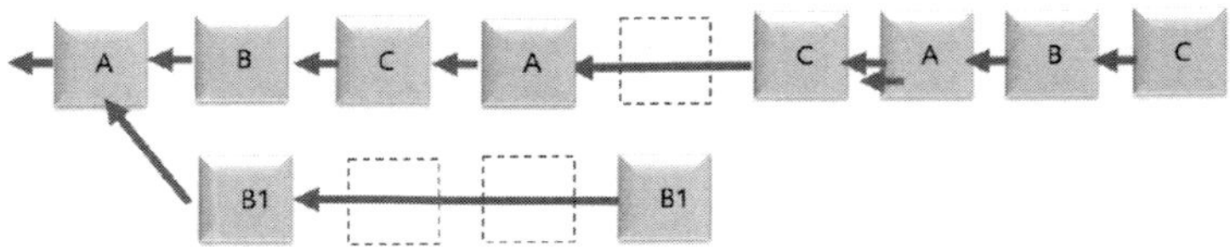

HDPoR diagram view

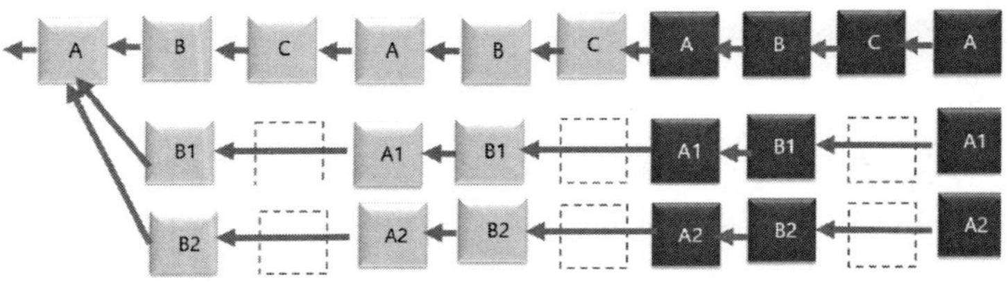

HDPoR diagram viewpoint

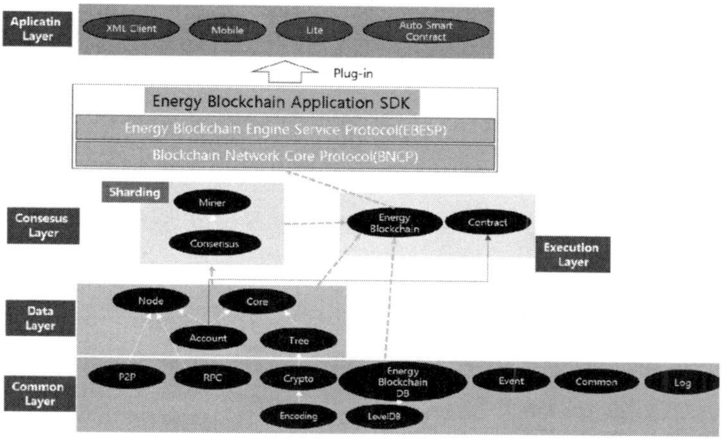

HDPoR 시스템 구조

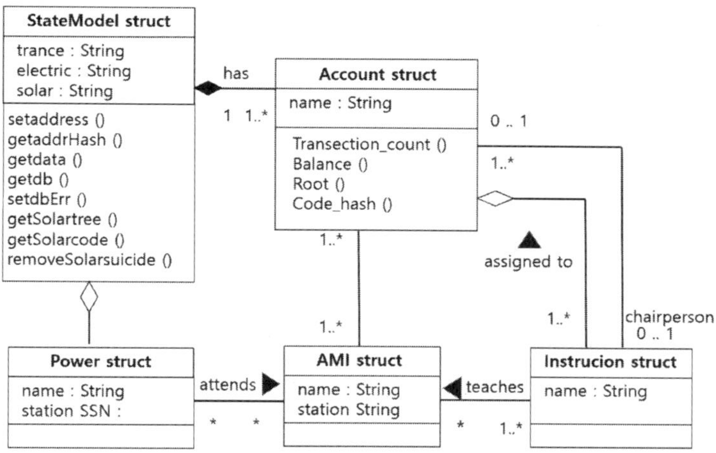

HDPoR 클래스 다이어그램

14.2. 거래 블록체인 (부동산 중심으로)

본 논문은 블록체인과 인공지능이 4차 산업 혁명의 가장 중요한 키워드라 생각하고, 이런 핵심 기술이 향후 부동산 거래를 안전하게 하는 검증된 알고리즘에 적용하는 암호화 알고리즘을 마련하고자 하였다. 또 부동산 거래는 부동산 중개업자인 중간 상인들이 거액의 수수료를 내고 있으며, 최근에는 P2P(peer to peer) 부동산 거래소가 많이 이용하고 있다. 그러나 이들 P2P 부동산 거래소도 집주인과 세입자 사이에 서로 확인되지 않는 문제가 있다. 특히 하이퍼레저의 PBFT(실용적 비잔틴 내결함성) 알고리즘을 블록체인 합의 과정을 통해 비교 · 검증하는 연구 모델이 구축되었다. 인공지능을 활용한 경량 암호화 테스트 검증 툴과 블록체인 스마트 컨트랙트 VM(가상 머신) 모델도 자동화하였으며, 네트워크 기반 경량 보안 IoT(사물인터넷) GW(게이트웨이) 테스트 검증 툴을 이용한 예약 서버와 모니터링 서버를 통해 검증이 이루어졌다. 블록체인 스마트 컨트랙트의 주요 기능 중 중요한 ECP(탄성곡선 프로그램)와 탄성 곡선 Qu-Vanstone(ECQV) 모델을 제시하고 양자에 기반 암호화 알고리즘을 탑재하였다. 그리고 실제 실험 환경에 따라 필요한 UML(유니파이드 모델링 언어) 소스 코드와 성능 데이터를 계산하고, 행정 또는 정부 공인 자산에 대한 블록체인의 평균값인 초당 4,000 TPS(Transaction per second)를 테스트하여 앞으로 이 기술을 부동산 거래에 활용하고 싶다.

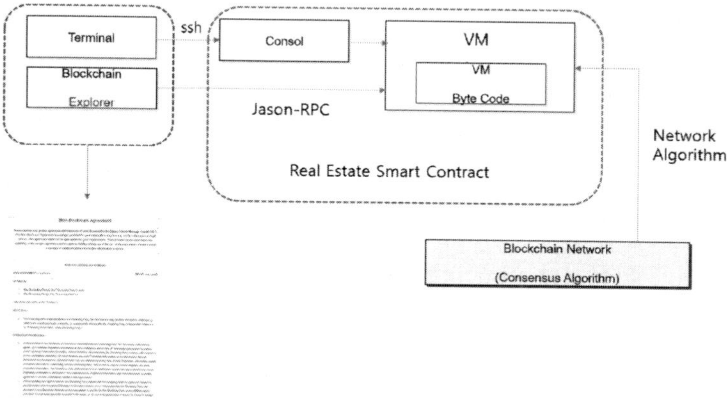

부동산 블록체인 1

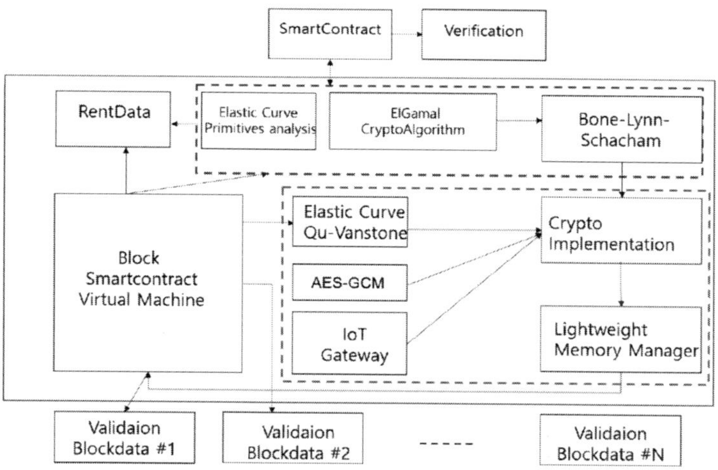

부동산 블록체인 2

14.3. 의료데이터 블록체인

본 논문은 인공지능(AI) 블록체인 알고리즘을 활용하여 의료기관 PR 데이터에 대한 안전한 검증과 의료데이터의 정확한 검증을 기존 취약점으로 하는 방안을 모색하고 있다. 최근 인공지능이 확대되면서 4차 산업 혁명 덕분에 많은 기술에 관한 연구가 이어지고 있고, 헬스케어 산업의 입장과 더불어 헬스케어 분야에서도 매우 중요한 요소가 되었다. 마찬가지로 블록체인은 이러한 의료데이터가 해킹당하거나 유출되는 경우에는 암호화 · 검증하기 때문에 적용이 매우 안전하며, 이 기술들은 매우 중요한 것으로 여겨진다. 이 연구는 이러한 인공지능 블록체인의 문제점을 제기하고 블록체인, 인공지능, 신경망, 헬스케어 등을 인식하는데, 이러한 문제들이 분명히 존재하기 때문에 EHR과 같은 시스템은 사용되지 않고 있다. 앞으로 이러한 EHR이 활성화되고 병원 간 데이터 전송과 데이터 검증이 완료되면 프라이버시 보장이 쉬워질 것이다. 이러한 단점을 극복하기 위해 정보보안 블록체인 인공지능 프레임워크를 정의하고, 정확한 데이터 추출, 저장, 검증을 위해 블록체인 시스템을 검증하고, 의료데이터의 TPS를 획득하고 향후 표준화 작업의 이행을 위한 다양한 검증 및 성과 평가 지표를 설정한다.

본 논문에서는 블록체인의 기밀성과 인공지능의 민감성과 가용성을 극대화해 보고자 하였다.

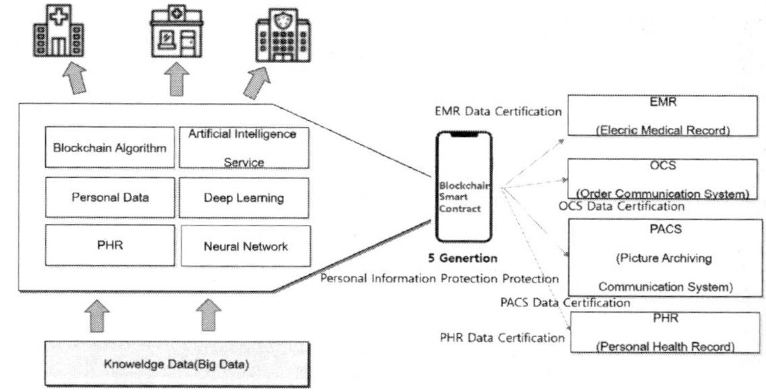

의료데이터 블록체인 1

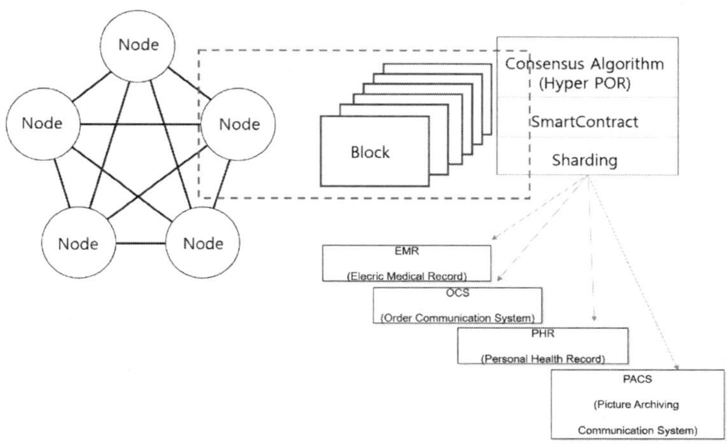

의료데이터 블록체인 2

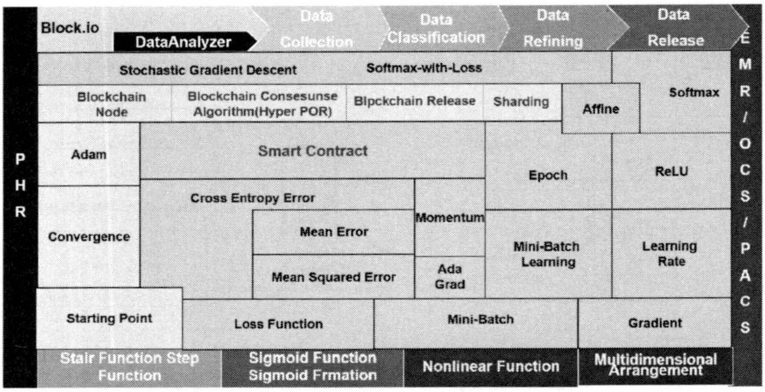

CNN Intelligent Agent cloud architecture to increase healthcare data readings

14.4. 스마트그리드 블록체인

본 논문은 전 세계적으로 녹색에너지에 관심이 집중되고, 기존 그리드 기술과 정보기술(IT) 기술을 결합해서, 보다 효율적이고 친환경적인 인텔리전트 그리드를 형성하기 위한 스마트 그리드 프로젝트가 활발히 진행되고 있는데 착안하여 그 내용을 상세히 기술해 보고자 한다. 국내에서는 국가 차원의 스마트 그리드 프로젝트 로드맵이 확정되고, 실행계획이 마련되었으나, IT를 그리드에 적용하는 데는 역기능으로 작용하여 다양한 위협 시나리오가 나타날 수 있다. 스마트 그리드의 보안기술은 이러한 위협에 효과적으로 대처하고 스마트 그리드 프로젝트의 성패와 직결되도록 하는 중요한 기술이기도 하며, 스마트 그리드는 IT와의 융합으로 탄생한 새로운 형태의 차세대 그리드이다. 전력 공급의 중추인 스마트 그리드가 사이버 공격에 손상될 경우, 전국적인 정전 등 막대한 피해가 일어날 수 있다.

실제로 사이버 공격 위협이 증가하고 있으며, 스마트 그리드에 대한 사이버 보안 위협도 미미한 것은 아니므로 정보보호와 관련된 법체계도 이를 체계적으로 뒷받침하기 위해 매우 중요하다. 본 논문에서는 스마트 그리드의 필요성을 검토하고, 스마트 그리드 보안 위협 및 위협 대응을 향한 업계의 이니셔티브를 검토함과 동시에 블록체인 기술인 레인보우체인을 스마트 그리드와 에너지 교환에 적용하는 보안 계획도 제안한다. 기존 블록체인 기술 중 7가지의 인증 기법을 담은 레인보우체인을 활용해 우수한 성능 및 보안 기능을 달성하고, 그 적용에 필요한 생태계와 아키텍처를 제안한다. 그리고 스마트 그리드의 에너지 검증을 위해 P2P 서비스가 중심이 되는 기술 아키텍쳐 및 보안 아키텍쳐를 제안해 보고자 하였다.

한편 스마트그리드(지능형 전력망) 분야로 게재한 부분은 다음 그림과 같다.

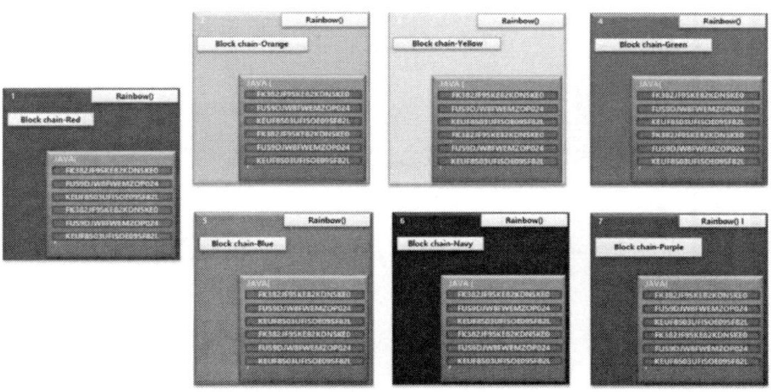

Rainbowchain 구조

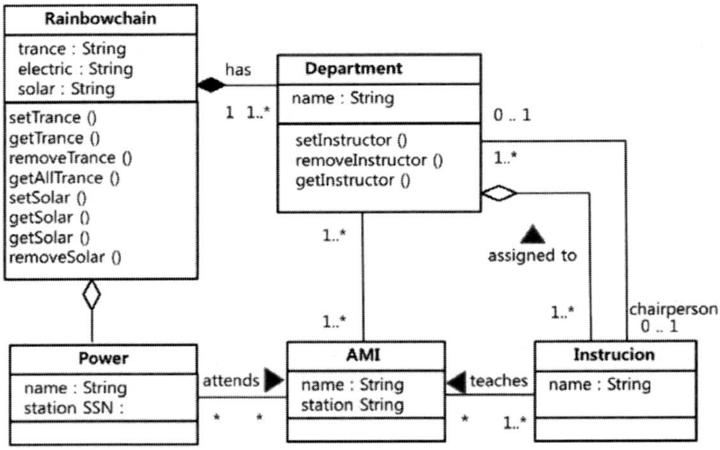

Rainbowchain 클래스 다이어그램

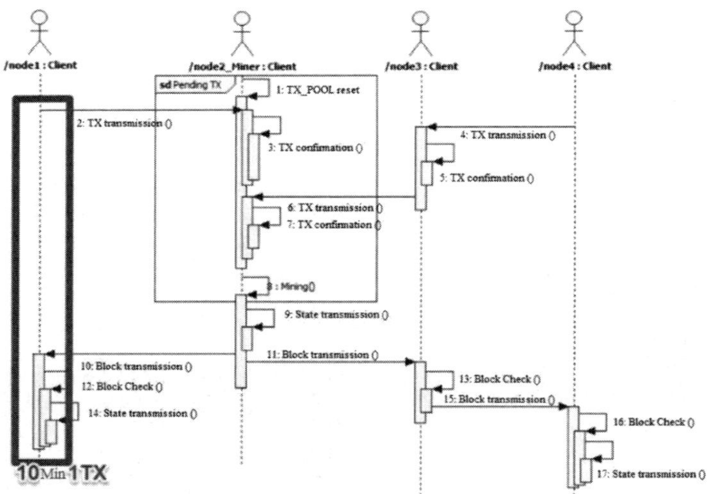

Rainbowchain 구조의 과정과 결과

14.5. 유언장 블록체인

본 논문은 최근 인간의 삶이 증가하고 있다는 사실로 인한 전세계적인 노화 추세에 대해 논한다. 상속을 위해 저자들이 인증 분야에서 적극적으로 블록체인을 연구하려는 투명한 블록체인을 기반으로 연구가 진행되었다. 그럼에도 상속 시의 문제로 법적 난관에 봉착하는 경우가 적지 않다. 본 논문에서는 상속 시 증거식별을 위한 다양한 검증작업에 인공지능(AI) 시스템을 활용한다. 최근 인공지능 시스템을 이용한 법적 문제가 발생하고 있으며, 게다가 상속도 많은 필요성이 대두되고 있다. 상속과 관련한 증거 영상과 유언 등을 검증하기 위해 수십 년 전부터 이어져 온 분산원장 이라고도 불리는 핵심 블록체인 기술을 주로 사용하고 있다.

블록체인은 불변하고 투명성의 특성이 있다. 이를 통해 신뢰받는 제3자가 개입할 필요 없이 서로 모르는 당사자 간에 신뢰를 구축할 수 있어 중개자의 도움 없이도 거래가 가능하다. 또한 다양한 GDPR(General Data Protection Regulations)의 검증에 대해서도 설명한다. 탄력적인 분산 데이터셋(RDD), 더 빠른 CNN(Convolutional Neural Network) 알고리즘, 업계 최고의 검증 블록체인을 연구하기 위한 방법인 레거시 상속 검증 딥러닝 블록체인 모델, 멀티채널 블록체인 플랫폼 코어 알고리즘으로 유연한 분산 데이터셋 RDD 알고리즘을 사용한다. 문제 해결을 위한 레거시 유산 상속 블록체인 연구 아키텍처를 제안한다. 이와 함께 RDD 고속 CNN 알고리즘은 최근 딥러닝 기술이어서 상속의 법적 효용성을 검증할 필요가 있다. 하지만 상속은 이미 물려받은 문제와 어려움이 많은 민감한 사안이다. 우리의 목표는 더 빠른 인공지능의 인증 알고리즘과 더 빠른 CNN의 인증 알고리즘에 대한 검증 작업을 도입하는 것이다. 따라서 스마트 계약 및 최신 블록체인 데이터셋 검증 연구는 가장 정확하게 검증 가능한 RDD와 CNN 알고리즘을 사용하여 수행되었고, 마르코프 체인 몬테 카를로 기반의 연구 모델을 기반으로 검증되었다.

본 논문은 인간의 수명이 늘어남에 따라 전 세계적으로 노화 추세에 대해 논하고 있다. 그럼에도 유언장을 쓰지 않아 사후 법적 문제가 많다. 여기에는 법적 인증을 받지 못할 수 있는 유산의 타당성 문제 등 여러 가지 이유가 있다. 유언장은 두 가지 범주, 즉 증언과 문서로 나눌 수 있다. 다만 중간변호사가 공증을 해주지 말고 좀 더 투명한 알고리즘, 블록체인 샤딩, 스마트 컨트리 기능을 제안한다. 아키텍처는 신경망을 기반으로 설계되고, 블록체인 심층신경망(DNN) 기반이며, 심층신경망 기반 유닛은 필요한 인공신경망(ANN) 기반이다. 유산 상속형 블록체인 아키텍처는 최소 거리 알고리즘과 멀티채널 프로토콜을 기반으로 노드 간에 통신할 수 있도록 설계되었다. 또한 뉴런은 유기체의 신경계를 구성하는 신경세포를 말하며, 인공 뉴런은 유기체의 뉴런을 구성하는 뉴런과 비슷하게 심도 우선 탐색(DFS) 알고리즘과 같은 인공 신경 알고리즘이 유사 코드로 표현된다. 또한 모든 블록체인 노드에는 검증된 노드가 장착되어 있다. 이를 위해 필요한 인공 네트워크 블록체인을 위한 연구 모델이 제시된다. 실험 환경은 검증이 필요한 심층 신경망을 기반으로 서버와 네트워크 환경을 구축한다. 필요한 검증 및 성능에 대한 가중치도 설정된다. 본 논문은 이 논픽션 전처리 기능이 탑재된 블록체인 알고리즘을 검증한다. 유산 블록체인을 위한 블록노드를 안전하게 구성할 수 있는 블록체인 뉴런 엔진도 연구한다. 인공지능과 블록체인을 활용한 의지체계 실증실험 결과, 값은 2와 10에 가깝고 분포도 양호하다. 블록체인 노드도 50개 노드를 150회 이상 테스트했고, 4500 TPS로 시연 테스트를 완료하여 실제 테스트에 적합하다는 결론을 내렸다.

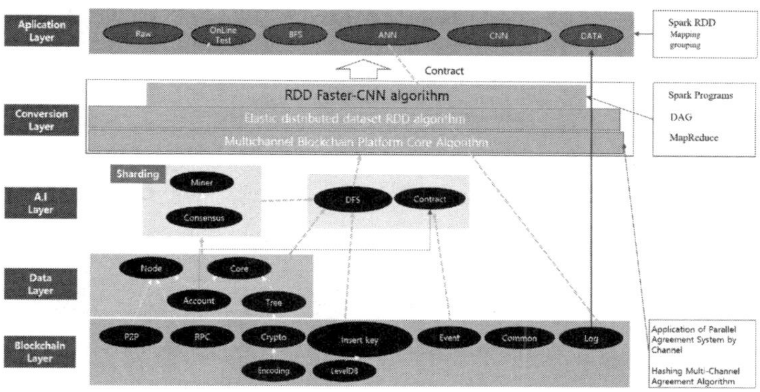

유언장 블록체인 구성 예시

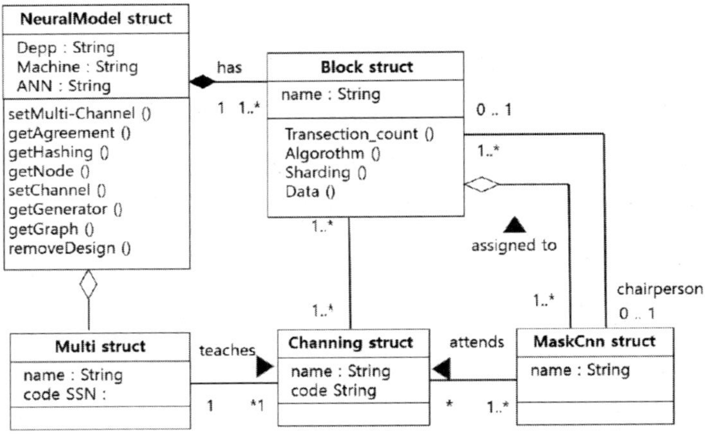

유언장 블록체인

14.6. 블록체인과 인공지능 그리고 미래

앞에서 본 바와 같이 블록체인이라는 개념이 나온 지 어언 10년이 넘어서 많은 분야에 적용이 되고 있으며 이는 매우 좋은 현상이라고 생각된다.

최초의 블록체인이 나온 개념은 '탈중앙화에 대한 개념'이었고, 이것은 기존의 중앙형 검증시스템에 대한 도전이라고 생각을 하였던 시절이 있었으며, 다양한 검증되지 않은 암호화폐로 인하여 블록체인 기술이 상대적으로 적대시 되었던 것도 사실이다.

모든 기술은 그에 따른 이전 기술이 있기 마련이고 아무리 좋은 기술이라 할지라도 항상 순기능과 역기능이 존재하며, 블록체인도 이러한 점에서는 동등하게 적용된다고 생각된다.

그렇지만 지금까지의 보안 컨셉을 보았을 때는 투명하지 않게 관리가 되었던 부분을 매우 투명하게 관리가 가능해지는 플랫폼을 바탕으로 생각하면 좋은 연구가 되는 기술이라고 판단이 된다.

그러나 최근에 4차 산업혁명이 진행되면서 급속도로 ICT 환경이 변해가고 있고, 특히 2020년을 기점으로 많은 산업군이 생겨나서 블록체인이 인공지능과 결합하여 급속도의 발전이 가능할 것이 예상되며, 이것은 전통적인 생태계가 흔들릴 정도로 매우 중요한 일이라고 생각할 수 있다.

우리는 모바일 환경이 도래했을 때, 기존의 웹 환경에서 모바일 환경으로 전환하지 못한 기업은 오랜 역사를 지니고 있더라도 힘들어지는 현상을 많이 목격되던 기존의 역사를 보면서 교훈을 얻는다.

본 저서는 블록체인이라는 개념의 보안 페러다임의 변화와 거기에 특화된 이코노미를 가져갈 수 있는 블록체인을 위한 기초를 배양 할 수 있도록 하였다.

응용사례

유기농 농수산물은 일반 농수산물보다 수십 배까지 비싸지만, 정작 이를 생산한 농어민은 만성적인 저소득에 시달린다. 최종 소비자까지 가는 동안 최대 60개 정도의 유통단계를 거쳐야 하기 때문이다. 농가에서 소비자와 직거래를 원하는 건 그래서이다. 하지만 서툰 마케팅과 부족한 자본력 때문에 소비자들로부터 100% 신뢰를 받는 것이 여간 어려운 게 아니다.

그렇다면 절대 위 · 변조를 할 수 없는 시스템이 있고, 이를 통해 생산부터 인증, 유통 과정을 모두 기록하여 보여준다면 어떨까? 생산자와 소비자가 서로를 신뢰할 수 있어 직거래가 늘어날 테고, 농가는 소득이 늘고 소비자는 훨씬 저렴한 가격에 '진짜' 유기농 제품에 접할 수 있을 것이다.

실제로 참 농부 영농조합이 친환경 유기농 먹거리를 직접 판매하기 위하여 필자가 제안한 블록체인 시스템을 선택하였고, 소비자들은 QR코드를 단순히 찍기만 해도 블록체인 시스템 위에 기록된 농산물의 재배 이력부터 출하과정 전체를 한눈에 볼 수 있다.

블록체인의 핵심 개념 중 하나가 탈중앙화를 뜻하는 'P2P (개인과 개인의 연결)'인데, 농수산물 직거래야말로 블록체인을 이용했을 때 가장 효과가 크게 나타나는 것을 알 수 있다.

단순한 국내 직거래를 떠나 해외로 뻗어 나가기에도 이력 증명이 100%까지 가능한 블록체인 시스템이 제격이고, 농수산물만이 아니라 교육과 에너지 분야에서도 필자들이 제안한 보안성은 큰 역할을 할 수 있다. 블록체인 시스템 위에 디지털 교과서를 만들면 각자의 디바이스로 시험 문제를 전송하더라도 지난해와 같은 시험지 유출 사고가 생기지 않는데, 이것은 모든 참여자의 활동 흔적이 기록되기 때문이다.

미술품 거래 시장에서도 블록체인은 큰 변화를 일으킬 수 있다. 경매를 통해 판매되는 미술품의 경우 출처나 소재, 소유권이 불분명한 경우가 많지만, 블록체인 시스템이 적용된다면 모든 거래 경로가 투명해지면서 위작이 걸러지고, 미술품의 공동 소유도 가능해진다. 다수가 지분을 투자할 수 있으니 신예 작가를 발굴하기도 훨씬 쉬워질 것이다.

참고문헌

[1] Nakamoto S.; "Bitcoin: a peer-to-peer electronic cash system," pp 1-9, 2008.

[2] Jun-Ho Huh,; Kyungryong Seo,; "Blockchain-based mobile fingerprint verification and automatic log-in platform for future computing," The Journal of Supercomputing, Springer, pp.1-17, 2018.

[3] Seong-Kyu Kim, Ung-Mo Kim, and Jun-Ho Huh. "A study on improvement of blockchain application to overcome vulnerability of IoT multiplatform security." Energies 12.3 (2019): 402.

[4] Yan Chen,; "Blockchain tokens and the potential democratization of entrepreneurship and innovation," SSRN, pp12-13, 2017.

[5] Y Nir Kshetri,; "Blockchain's roles in meeting key supply chain management objectives," International Journal of Information Management, Elsevier, 80-82., 2018.

[6] Alexander Savelyev,; "Copyright in the Blockchain era: Promises and challenges," Computer Law & Security Review, Elsevier, 2018.

[7] Nir Kshetri,; "Blockchain's roles in strengthening cybersecurity and protecting privacy," Telecommunications Policy, pp 20-23, 2017.

[8] Seong-Kyu Kim, and Jun-Ho Huh. "A study on the improvement of smart grid security performance and blockchain smart grid perspective." Energies 11.8 (2018): 1973.

[9] Richard B. Levin,; Peter Waltz,; Holly LaCount,; "Betting Blockchain Will Change Everything - SEC and CFTC Regulation of Blockchain Technology, Handbook of Blockchain," Digital Finance, and Inclusion, Elsevier, Vol. 2, 187-212, 2017.

[10] Christoph Prybila,; Stefan Schulte,; Christoph Hochreiner,; Ingo Webe,; "Runtime verification for business processes utilizing the Bitcoin Blockchain," Future Generation Computer Systems,

Elsevier, 2017.

[11] Janusz J. Sikorski,; Joy Haughton,; Markus Kraft,; "Blockchain technology in the chemical industry: Machine-to-machine electricity market," Applied Energy, Elsevier, 234-246, 2017.

[12] Sara Saberi, Mahtab Kouhizadeh, Joseph Sarkis,; "Blockchain technology: A panacea or pariah for resources conservation and recycling," TTC, pp 15-16, 2018.

[13] Jun-Ho Huh, and Seong-Kyu Kim. "The blockchain consensus algorithm for viable management of new and renewable energies." Sustainability 11.11 (2019): 3184.

[14] Seong-Kyu Kim, and Jun-Ho Huh. "Blockchain of carbon trading for un sustainable development goals." Sustainability 12.10 (2020): 4021.

[15] Qin, Bo,; et al, "Cecoin: A decentralized PKI mitigating MitM attacks," Future Generation Computer Systems, Elsevier, 2017.

[16] Huaqun Wang,; Debiao He,; Yimu Ji,; "Designated-verifier proof of assets for bitcoin exchange using elliptic curve cryptography," TTC, pp 21-24, 2017.

[17] Sabine Löbbe,; André Hackbarth,; "Chapter 15: The Transformation of the German Electricity Sector and the Emergence of New Business Models in Distributed Energy Systems," Elsevier, pp 287-318, May 2017.

[18] Seong-Kyu Kim, and Jun-Ho Huh. "Autochain platform: expert automatic algorithm Blockchain technology for house rental dApp image application model." EURASIP Journal on Image and Video Processing 2020.1 (2020): 1-23.

[19] Dorri, A.; Kanhere, S. S.; Jurdak, R.; "Towards an optimized blockchain for IoT," In Proceedings of the Second International Conference on Internet-of-Things Design and Implementation, ACM, pp. 173-178. 2017.

[20] Seong-Kyu Kim, and Jun-Ho Huh. "Artificial Neural Network Blockchain Techniques for Healthcare System: Focusing on the

Personal Health Records." Electronics 9.5 (2020): 763.

[21] Jun-Ho Huh, and Seong-Kyu Kim. "Verification plan using neural algorithm blockchain smart contract for secure P2P real estate transactions." Electronics 9.6 (2020): 1052.

[22] Dorri, A.; Kanhere, S.S.; Jurdak, R.; Gauravaram, P.; "Blockchain for IoT security and privacy: The case study of a smart home," In Proceedings of the 2017 IEEE International Conference on Pervasive Computing and Communications Workshops(PerComWorkshops), Kona, HI, USA, 13-17 March 2017.

[23] Seong-Kyu Kim, and Jun-Ho Huh. "Neuron Blockchain Algorithm for Legal Problems in Inheritance of Legacy." Electronics 9.10 (2020): 1595.

[24] Underwood, S.; "Blockchain beyond bitcoin," Communications of the ACM, ACM, Vol.59, No.11, pp. 15-17, 2016.

[25] Leiding, B.; Memarmoshrefi, P.; Hogrefe, D.; "Self-managed and blockchain-based vehicular ad-hoc networks," In Proceedings of the 2016 ACM International Joint Conference on Pervasive and Ubiquitous Computing: Adjunct, ACM, pp. 137-140, 2016.

[26] Pass, R.; Shi, E.; Fruitchains,; "A fair blockchain," In Proceedings of the ACM Symposium on Principles of Distributed Computing, ACM, pp. 315-324, 2017.

[27] 김동섭, 분산원장 기술과 디지털통화의 현황 및 시사점, 한국은행 금융결제국 결제연구팀, pp.1-70, 2016.

[28] Karame, G.; On the security and scalability of bitcoin's blockchain. In Proceedings of the 2016 ACM SIGSAC Conference on Computer and Communications Security, ACM, pp. 1861-1862, 2016.

[29] Seong-Kyu Kim, and Jun-Ho Huh. "Consistency of medical data using intelligent neuron faster R-CNN algorithm for smart health care application." Healthcare. Vol. 8. No. 2. Multidisciplinary Digital Publishing Institute, 2020.

[30] Kiayias, A.; Koutsoupias, E.; Kyropoulou, M.; Tselekounis, Y.; Blockchain mining games. In Proceedings of the 2016 ACM Conference on Economics and Computation, ACM, pp. 365–382, 2016.

[31] Hori, M.; Ohashi, M.; "Adaptive Identity Authentication of Blockchain System–the Collaborative Cloud Educational System," In EdMedia+ Innovate Learning, Association for the Advancement of Computing in Education(AACE), pp. 1339–1346,2018.

[32] Sangdo Lee, Jun–Ho Huh,; An effective security measures for nuclear power plant using big data analysis approach, The Journal of Supercomputing, Springer, pp.1–28, 2018.

[33] Florescu, D.; Kossmann, D; "Storing and querying XML data using an RDMBS," Special Issue on IEEE Data Engineering Bulletin, IEEE, Vol. 1060, No. 22, pp.27–34, 1999.

[34] J. Shanmugasundaram et al.; "Relational databases for querying XML documents: Limitations and opportunities," In Proc. of VLDB, Edinburgh, Scotland, 1999.

[35] 정지은, "[블록체인 관련주] 드림시큐리티 · KT · 라온시큐어 '함박웃음'... 카카오 · 대성창투 · 시티랩스 '울상'," 농업경제신문, 2021.

[36] Lin, I. C.; Liao, T. C.; "A Survey of Blockchain Security Issues and Challenges," IJ Network Security, ACM, 19(5), 653–659, 2017.

[37] Will Hohyon Ryu, 프로에게 묻다 1" 블록체인이 뭔가요?, techNeedle 테크니들, 2017 https://techneedle.com/archives/29941

[38] 임종철, 유현경, 곽지영, 김선미, "블록체인과 합의 알고리즘," ETRI. 2018.

[39] Kshetri N.; "Blockchain's roles in strengthening cybersecurity and protecting privacy," Telecommun Policy, 41, pp. 1027–1038, 2017.

[40] Jabbar, K.; Bjørn, P.; "Growing the Blockchain information infrastructure," In Proceedings of the 2017 CHI Conference on Human Factors in Computing Systems, ACM, pp. 6487–6498, 2017.

[41] Due.com.; How blockchain improves security and transaction

times. 2017. Nasdaq. Retrieved from http://www.nasdaq.com/article/howblockchain-improves-securityand-transaction-times-cm771339.

[42] Higgins S.;(2016) Hours after launch, OpenBazaar sees first drug listings. CoinDesk. Retrieved from http://www.coindesk.com/drugs-contraband-openbazaar/.

[43] Young J.;(2016) Hackers eye e-commerce platforms, bitcoin-based OpenBazaar to capitalize. The Cointelegraph. Retrieved from https://cointelegraph.com/news/hackerseye-e-commerce-platforms-bitcoin-based-openbazaar-to-capitalize.

[44] Mainelli M.;(2017) Blockchain will help us prove our identities in a digital world. Harvard Business Review. Retrieved from https://hbr.org/2017/03/blockchain-willhelp-us-prove-our-identities-in-a-digital-world.

[45] Bray, T.; Paoli, J.; Sperberg-McQueen, C. M.; Maler, E.; Yergeau, F.; "Extensible markup language(XML)," World Wide Web Journal, Vol. 2, No. 4, 27-66. 1997.

[46] A. Deutsch, M. Fernandez, and D. Suciu. Storing semistructured data with STORED. In ËProc. of ACM SIGMOD, ACM, Philadelphia, PN, 1999.

[47] D. Florescu and D. Kossmann.; "A performance evaluation of alternative mapping schemes for storing XML data in a relational database," Technical Report, INRIA, France, 1999.

[48] Jae Young Ahn, "M2M technology and service network". The 20th High-Speed Network Workshop. 2010.

[49] Y.-D. Joo, "Security Improvements on Smart-Card Based Mutual Authentication Scheme", Journal of The Institute of Webcasting, Internet and Telecommunication, Vol 12, No 6, pp. 91~98, 2012.

[50] J.-G. Song, T.-Y. Kim, H.-J. Lee, W.-T. Jang, "A new password authentication scheme using two-way password in Smartphone Banking", Journal of The Institute of Webcasting, Internet and Telecommunication, Vol 12, No 3, pp. 195~200, 2012.

[51] Y.-D. Joo Y.-H. An, "Improvements of a Dynamic ID-Based Remote User Authentication Scheme", Journal of The Institute of Webcasting, Internet and Telecommunication, Vol 11, No 6, pp. 303-310, 2011.

[52] Zydney, J. M., & Warner, Z. Mobile apps for science learning: Review of research. Computers & Education, 94, pp.1-17, 2016.

[53] Shin, W. S., & Kang, M. The use of a mobile learning management system at an online university and its effect on learning satisfaction and achievement. The International Review of Research in Open and Distributed Learning, 16(3), 2015.

[54] Hartnett, M. Relationships between online motivation, participation and achievement: More complex than you might think. Journal of Open, Flexible and Distance Learning, 16(1), 28-41, 2012.

[55] Naif Radi Aljohani et al. An integrated framework for course adapted student learning analytics dashboard, Computers in Human Behavior, Elsevier, 1-12, 2018.

[56] Nofer, Michael, et al. "Blockchain." Business & Information Systems Engineering 59(3), pp.183-187, 2017.

[57] Bashir, Imran. Mastering blockchain. Packt Publishing Ltd, 2017.

[58] Risius, Marten, and Kai Spohrer. "A blockchain research framework." Business & Information Systems Engineering 59(6), pp.385-409, 2017.

[59] Monrat, Ahmed Afif, Olov Schelén, and Karl Andersson. "A survey of blockchain from the perspectives of applications, challenges, and opportunities." IEEE Access 7, pp.117134-117151, 2019.

[60] Mettler, Matthias. "Blockchain technology in healthcare: The revolution starts here." 2016 IEEE 18th international conference on e-health networking, applications and services (Healthcom). IEEE, 2016.

[61] N. Beckmann, H.-P. Kriegel, R. Schneider, and B. Seeger, "The

R*–tree: An efficient and robust access method for points and rectangles," Proc. of ACM SIGMOD'90, 1990, pp. 322–331.

[62] J. Broch, D. A. Maltz, D. Johnson, Y.–C. Hu, and J. Jetcheva, "A performance comparison of multi–hop wireless ad hoc network routing protocols," Proc. of ACM/IEEE MobiCom, 1998, pp 85–97.

[63] Y. Cai, K. A. Hua, G. Cao, and T. Xu, "Real–Time Processing of Range–Monitoring Queries in Heterogeneous Mobile Databases," IEEE Trans. on Mobile Computing, vol. 5, no. 7, Jul. 2006, pp. 931–942.

[64] M. A. Cheema, L. Brankovic, X. Lin, W. Zhang, and W. Wang, "Continuous Monitoring of Distance–Based Range Queries," IEEE Trans. On Knowledge and Data Engineering, vol. 23, no. 8, Aug. 2011, pp.1182–1199.

[65] X. Chen, J. Pang, and R. Xue, "Constructing and Comparing User Mobility Profiles for Location–based Services," Proc. of ACM SAC'13, 2013, pp. 261–266.

[66] X. Ding, X. Lian, L. Chen, H. Jin, "Continuous monitoring of skylines over uncertain data streams," Information Sciences, vol. 184, no. 1, Feb. 2012, pp. 196–213.

[67] B. Gedik, and L. Liu, "Mobieyes: A Distributed Location Monitoring Service Using Moving Location Queries," " IEEE Trans. on Mobile Computing, vol. 5, no. 10, Oct. 2006, pp. 1384–1402.

[68] A. Guttman, "R–trees: A dynamic index structure for spatial searching," Proc. of ACM SIGMOD'84, 1984, pp. 47–57.

[69] H. Hu, J. Xu, and D. L. Lee: "A Generic Framework for Monitoring Continuous Spatial Queries over Moving Objects," Proc. of ACM SIGMOD'05, 2005, pp. 479–490.

[70 J. L. Huang, and C.–C. Huang, "A Proxy–Based Approach to Continuous Location–Based Spatial Queries in Mobile Environments," IEEE Trans. on Knowledge and Data Engineering, vol. 25, no. 2, Feb. 2013, pp. 260–273.

[71] S. Ilarri, E. Mena, and A. Illarramendi, "Location-Dependent Query Processing: Where We Are and Where We Are Heading," ACM Computing Surveys, vol. 42, no. 3, Mar. 2010, pp. 1-73.

[72] C. S. Jensen, D. Lin, and B.C. Ooi, "Query and Update Efficient B+-Tree Based Indexing of Moving Objects," Proc. of VLDB'04, 2004, pp. 768-779.

[73] H. Jung, B. K. Cho, Y. D. Chung, and L. Liu, "On Processing Location Based Top-k Queries in the Wireless Broadcasting System," Proc. Of ACM SAC'10, 2010, pp. 585-591.

[74] H. Jung, Y. D. Chung, L. Liu, "Processing Generalized k-Nearest Neighbor Queries on a Wireless Broadcast Stream," Information Sciences, vol. 188, no. 1, April, 2012, pp. 64-79

[75] D. V. Kalashnkov, S. Prabhakar, and S.E. Hambrusch, "Main Memory Evaluation of Monitoring Queries Over Moving Objects," Distributed and Parallel Databases, vol. 15, no. 2, March. 2004, pp. 117-135.

[76] K. C. K. Lee, B. Zheng, C. Chen, and C. Y. Chow, "Efficient Index-Based Approaches for Skyline Queries in Location-Based Applications," IEEE Trans. on Knowledge and Data Engineering, vol. 25, no. 11, Nov. 2013, pp. 2507-2520.

[77] F. Liu, K.A. Hua, and F. Xie, "A hybrid communication solution to distributed moving query monitoring systems," Electronic Commerce Re-search and Applications, vol. 10, no. 2, March. 2011, pp. 214-228.

[78] M. F. Mokbel, X. Xiong, and W.G. Aref, "SINA: Scalable Incremental Processing of Continuous Queries in Spatio-temporal Databases," Proc. of ACM SIGMOD'04, 2004, pp. 623-634.

[79] K. Mouratidis, and S. Bakiras, "Continuous Monitoring of Spatial Queries in Wireless Broadcast Environments," IEEE Trans. on Mobile Computing, vol. 8, no. 10, Oct. 2009, pp. 1297-1311.

[80] 정기수, 김대원. 블록체인 산업 현황 및 국외 정책 동향. 정보통신산업진흥회(NIPA). 2019

[81] J. M. Patel, Y. Chen, and V. P. Chakka, "STRIPES: An Efficient Index for Predicted Trajectories," Proc. of ACM SIGMOD'04, 2004, pp. 635–646.

[82] S. Prabhakar, Y. Xia, W.G. Aref, and S. Hambrusch, "Query Indexing and Velocity Constrained Indexing: Scalable Techniques for Continuous Queries on Moving Objects," IEEE Trans. on Computers, vol. 51, No. 10, Oct. 2002, pp. 1124–1140.

[83] N. Roussopoulos, and C. Faloutsos, "The R+–tree: A dynamic index for multi–dimensional objects," Proc. of VLDB'87, 1987, pp. 507–518.

[84] S. Saltenis, C. Jensen, S. Leutenegger, and M.A. Lopez, "Indexing the Positions of Continuously Moving Objects," Proc. of ACM SIGMOD'00, 2000, pp. 331–342.

[85] M. Song, H. Choo, W. Kim, "Spatial indexing for massively update intensive applications," Information Sciences, vol. 203, no. 24, Oct. 2012, pp. 1–23.

[86] Y. Tao, D. Papadias, and J. Sun, "The TPR*–Tree: An Optimized Spatio–Temporal Access Method for Predictive Queries," Proc. Of VLDB'03, 2003, pp. 790–801.

[87] K. L. Wu, S. K. Chen, and P. S. Yu, "Efficient Processing of Continual Range Queries for Location–Aware Mobile Services," Information Systems Frontiers, vol. 7, no. 4–5, Dec. 2005, pp. 435–448.

[88] K. L. Wu, S. K. Chen, and P. S. Yu, "On Incremental Processing of Continual Range Queries for Location–Aware Services and Applications," Proc. of MobiQuitous'05, 2005, pp. 261–269.

[89] H. Jung, Y. S. Kim, and Y. D. Chung, "SPQI: An Efficient Index for Continuous Range Queries in Mobile Environments," Journal of Information Science and Engineering, 29(3), May. 2013, pp. 557–568.

[90] Wüst, Karl, and Arthur Gervais. "Do you need a blockchain?." 2018 Crypto Valley Conference on Blockchain Technology (CVCBT). IEEE, 2018.

[91] Dinh, Tien Tuan Anh, et al. "Untangling blockchain: A data processing view of blockchain systems." IEEE transactions on knowledge and data engineering 30(7), 1366–1385, 2018.

[92] Ghosh, P.; Basu, K.; Das, S.K. Improving end-to-end quality-of-service in online multi-player wireless gaming networks. In Computer Communications; Elsevier: Amsterdam, The Netherlands, 2008; Volume 31, pp. 2685–2698.

[93] 민대홍 외 9인, 블록체인, 어디에 응용하고 있나?, ETRI Insight Report 2018–01.

[94] 전명산, 비트코인 이전에 에스토니아에 블록체인이 있었다, https://www.coindeskkorea.com/.

[95] What is Going on Behind a Net Game? From the Perspective of Network Engineers, the Principle of Game Design. Available online: http://www.4gamer.net/games/105/G010549/20100905002/(accessed on 1 September 2018).

[96] Haris, K.; Oskar, K. Applying Automated Testing in an Existing Client–Server Game: A Pursuit for Fault Localization in Quake 3. Bachelor's Thesis, Linnaeus University, Linnaeus, Sweden, 2015; pp. 1–18.

[97] 국내외 금융분야 블록체인(Blockchain) 활용 동향. 2015.

[98] Abdullah Al Mamun, M.; Rahman, M.; Tan, H. Performance Evaluation of TCP over Routing Protocols for Mobile Ad Hoc Networks. In Proceedings of the First International Conference on Communications and Networking in China, Beijing, China, 25–27 October 2006; pp. 1–3.

[99] Xylomenos, G.; Polyzos, G. TCP and UDP Performance over a Wireless LAN. In Proceedings of the NFOCOM'99: Conference on Computer Communications, New York, NY, USA, 21–25 March 1999; Volume 2, pp. 439–446.

[100] Velten, D.; Hinden, R.; Sax, J. Reliable Data Protocol. Available online: https://tools.ietf.org/html/rfc908(accessed on 2 November 2018).

[101] Schwab, K. The Fourth Industrial Revolution: What it means,

how to respond. WORLD ECONOMIC FORUM Global Agenda. Available online: https://www. weforum.org/agenda/2016/01/the-fourth-industrialrevolution-what-it-means-and-how-to-respond/(accessed on 14 January 2016).

[102] 김성규 (주)지오블루랩 부대표, [칼럼]블록체인에 숨어있는 진실 또는 거짓, 아시아투데이, 경제, 2019년 5월

http://www.asiatoday.co.kr/view.php?key=20190521010013168

[103] http://www.nextmoney.co.kr/news/articleView.html?idxno=780

[104] 김성규, "블록체인 합의 알고리즘 최신 표준기술 동향," 정보통신기획평가원(Institute for Information and Communications Technology Promotion), Vol. 1965, 13-25, 2020.

[105] https://steemit.com/kr/@kblock/44-1-pow-pos

[106] https://m.blog.naver.com/dlguswls9998/221807628474

[107] https://bloccat.tistory.com/6

[108] 유경성. 블록체인을 활용한 온라인경매시스템 모델연구. 한세대학교 석사학위 논문, 2018.

[109] 이중엽. 토큰경제와 블록체인의 미래. 소프트웨어정책연구소. 2018. https://spri.kr/download/2205

[110] 코인니스 기자, HSBC, 2500억 달러 규모 외환거래에 블록체인 활용 外, 매일경제 뉴스, 2019년 1월

https://www.mk.co.kr/news/economy/view/2019/01/28960

[111] 정현, '신재생 에너지에 블록체인 적용' 지오블루랩과 부산가톨릭대 산학협력 논문, 국제학술지 게재, 위즈뉴스, 2019년 6월.

찾아보기

G

I

M

O

P

S

T

블록체인의 세계

그 마법의 원리를 말하다

초판발행 2021년 08월 24일

지은이 김성규 · 허준호
펴낸이 오판근
펴낸곳 (주) 교우
주 소 서울시 동대문구 약령시로 8 교우빌딩 2층 (주)교우
전 화 02-925-2861 / **팩 스** 02-925-2860, **편집부** 02-925-2825
홈페이지&북스토어 www.kyowoo.co.kr / **이메일** kyowoo@kyowoo.co.kr

등 록 1994년 3월 24일 제1994-000013호
ISBN 979-11-251-0336-3 (93320)

Published by Kyowoo Co., Ltd. Printed in Korea

값 13,000원

교우미디어는 (주) 교우의 Imprint 사입니다.
수학정원·과학정원은 (주) 교우의 새로운 브랜드명입니다.

잘못된 책은 구입하신 서점에서 교환해 드립니다.